教養みらい選書 009

「みんな」って誰？

災間と過疎をのびのび生きる

宮本　匠

世界思想社

はじめに

「世の中これからどうなるんだろう」「日本社会の未来って、なんだか不安だなあ」そんな気持ちをいだくことはありませんか？　はじめからそんな不景気な話やめてくれよと思ったあなた、ちょっと待って。この本は、そんな不景気な話を景気のよい話でごまかすのではなくて、世の中が右肩下がりになっても、それでも気持ちよくのびのびと生きていくことができるとしたら、それはどのようにできるか考えるために書きました。

ヒントをくれるのは、災害に見舞われた被災地。それも、災害がおきる前から、人口減少や高齢化が進んでいて、災害からの復興にあたっても、明るい未来を描くことが難しかったような被災地です。被災地では、最初は、もうだめなんじゃないかという諦《あきら》め感や無力感がただよっていました。けれど、さまざまな取り組みのうちに、雰囲気が変化していきます。やがて、人口減少がとまったわけでもないし、高齢化もいっそう進んでいるのに、被災した人が「復興した」「過疎がとまった」と胸をはるようになりました。それはなぜなのか。ここに、右肩下がりの時代をすこやかに生きていくヒントがあると思います。

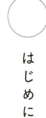

ですから、この本はたしかに過疎が進む被災地での災害復興の現場をおもにあつかっているのですが、そこから考えたいのは、災害復興のことだけでなく、右肩上がりに「よくなっていく」ことが想定しづらいことがらについて、私たちがどのように向きあえるのかです。だから、災害や過疎に興味がない人でも、たとえば、お年寄りがどうやって人生をまっとうできるか、学校に行くことが難しい子どもたちの居場所をどうつくるか、生活に困っている人をどのように支えられるのか、というようなことに関心がある人にも手に取ってもらえるとうれしいです。

右肩下がりの時代をどのように生きていくのか。このようなテーマを、この本ではグループ・ダイナミックスという学問を通して考えます。学問だなんていうとまた大げさなんですが、この本で紹介するのはグループ・ダイナミックスの初歩の初歩の考え方です。キーワードはずばり、タイトルにある「みんな」。「みんな」のはたらき、可能性、チカラをあきらかにします。

初歩の初歩じゃあ理解してもあんまりアテにならないのかというと、決してそうではありません。グループ・ダイナミックスの基本的な考え方として、「みんな」のはたらきを知ると、たいそうなことをしなくても、いますぐにできることで、組織や地域に変化をおこすことができるようになります。そのためのツールについても、具体的に紹介します。ですので、この本は、災害や過疎をふくめた社会問題にかかわっている研究者、研究を志す方だけでなく、そのような現場にかかわっている方、そのような現場に直面してしまった方にもご覧いただけるように書きました。

お願いをひとつだけ。この本では、できるだけ読者のみなさんと対話をするような形で進めていきたいと思っています。対話といったって、みなさんが私からの呼びかけになんて応《こた》えてくださるのか、もちろん、この文章を書いている私にはわかりません。けれど、私が一方的にお話ししていくというよりも、時には、私から問いかけをして、それについて、読者のみなさんにも、ちょっと間をおいて考えてもらうような、そんな読み方をしてもらえるとうれしいのです。ですから、ちょっと間をおいてほしいときには次のようなイラストに登場してもらいます。このポーズを見たら、ちょっと立ちどまって、考えてもらえるとうれしいです。

それでは、お話をはじめましょう。

『「みんな」って誰?――災間と過疎をのびのび生きる』目次

序章 裸の王さま再考 みんなのグループ・ダイナミックスとは？

どうすればホルモンを食べてもらえるか

時は第二次世界大戦下のこと。戦争の長期化をにらみ、アメリカ政府は食料事情について考えました。戦地の兵隊さんにお肉をたくさん送らないといけない。ならば国内ではどうするか。「そうだ、牛肉の内臓を食べてもらおう！」と。牛肉の内臓、つまりホルモンですね。ホルモンまで食べてもらえれば、食べられる肉の量はぐっと増えるし、だいたいお肉よりホルモンのほうが栄養もあって体にもいいんだからと。けれど、ホルモンなんて食べる食習慣は、当時の多くのアメリカ人にはなかった。だから、どうすれば人びとがホルモンを食べるようになるか、グループ・ダイナミックスの創始者クルト・レヴィン（Kurt, Lewin　一八九〇―一九四七）に研究してほしいとお願いがあったんですね。

そこでレヴィンはある実験を考えます。[1] まず主婦たちを集めて、彼女らをふたつのグループに分けました。ひとつめのグループは、戦時下で国家がどのような状況にあるのか、そのなかでホルモンを食べることがどのような貢献になるのか、そしてホルモンがいかに栄養価の高い食べ物であるのか、といった講義を受けます。そして、ホルモンの調理法を教えてもらい、レシピを教わって帰っていく。名づけて「講義グループ」です。

では、もうひとつのグループにはなにをおこなったか。講義を受けるのも、調理法を教えてもらうのも、レシピを教わるのも講義グループとまったく同じ。でも、ひとつだけ異なった。講義を受けたあとに、あることをおこなったんです。すると、しばらくしてから実際にホルモンを食べたかたずねたところ、講義グループはわずか三パーセントの人しか実際にホルモンを食べていなかったのに対して、もうひとつのグループでは三二パーセントの人がホルモンを食べていた！　では、このグループにはなにをおこなったのか。それはきわめてシンプルなことなんです。あなたはなにをおこなったと思いますか？

レヴィンがおこなってもらったこと、それは「話しあい」です。講義を受けたあとに、グループに分かれて、それぞれが考えたことをただ話しあってもらっただけなんです。それだけで、

実際にホルモンを食べたという人が大幅に増えた。なぜか。レヴィンの解釈はこうです。講義グループは終始受動的であるのに対して、話しあいをしたグループは、能動的な討論によって関心を深めることができたり、ディスカッションのなかで、ホルモンを「食べる」にしろ「食べない」にしろ、自分の意思を表明することができるため、その後の意思決定や行動変容にもつながりやすいんだと。

「みんな」のはたらき

私はこの実験に、レヴィンの生き方と交わってくるような研究のスタンスがあらわれているように思います。それは、どのような社会を望ましい社会だとレヴィンが考えていたのかということです。

レヴィンは、当時のプロシア、現在のポーランドに生まれたユダヤ系の男性です。ドイツのベルリン大学で心理学を教えていたのですが、ナチスの権力掌握が進む一九三三年に、かつての教え子たちがいるアメリカへの亡命を決めます。レヴィンの研究として知られるものの多くは、このアメリカ亡命後のものです。レヴィンが亡命したこの年の一月にヒトラーがドイツの首相になっていいます。レヴィンは、もうドイツでは研究は不可能、というより命の危険を悟ったわけです。実は、レヴィンの母親は収容所で亡くなっています。

受動的に講義を受けるグループと、能動的に話しあいをするグループに分けたことと、レヴィンが独裁制に熱狂するドイツからアメリカへと亡命したことは決して無縁ではないでしょう。ただ、一方的にホルモンを食べるように説得するのではなくて、ホルモンを食べてほしいとはいえ、まずはそれぞれの考えを尊重すること。ふつうこの実験は、レヴィンが個人にはたらきかけるよりも、集団にはたらきかけることを重視していたことをあらわしていると解釈されますし、実際そのとおりで、そこがとても重要なのですが、集団へのはたらきかけにおいても、なにか誘導しようとしていたのではなくて、まずはそれぞれの考えを大切にしていたことを押さえておく必要があると思います。独裁ではなく、話しあいの先に望ましい社会が実現する、いや、実現してほしいというレヴィンの願いのようなものがあると思うのです。

まずは、グループ・ダイナミックスをはじめたといわれる人の、とても有名な実験を紹介しました。この実験に、この本であきらかにしたい「みんな」のはたらき、グループ・ダイナミックスという学問の特徴、スタンスをよく見てとることができるからです。

そもそも「グループ・ダイナミックスってなんなんだ?」という方もいらっしゃるでしょう。グループ・ダイナミックスは心理学のひとつです。でも、心理学といっても、個人のなかにある心を研究するものではありません。グループ・ダイナミックスは、個人と個人の間、人びとの間にある心を研究する学問です。人びとの間にある心とはどのようなものか。ここに、「みんな」が関係してきます。この本では、「みんな」のはたらきをグループ・ダイナミックスの視点からあきらかにしてみたいと思います。

どうして話しあうだけで行動が変容するのか

さて、どうして「話しあい」をしたグループは、実際の行動変容にまでつながったのか、レヴィンの解釈もなかなか説得的なのですが、私はそれを別のことばで考えてみたいと思います。そのために、よく知られた物語をとりあげましょう。その物語とは、アンデルセン（Hans, Christian, Andersen　一八〇五―一八七五）の「裸の王さま」です。この物語はシンプルながら実に示唆に富んでいるのですが、まずはどんなお話だったかをふりかえってみましょう。「裸の王さま」というタイトルでよく知られていますが、原題に忠実に訳すと「皇帝の新しい服（Kejserens nye klæder〔デンマーク語〕、The Emperor's New Clothes〔英語〕）」です。この物語は、子どもむけに短縮された絵本になったりと、さまざまな形で世に流布しているので、ここでは岩波文庫に収められている原作の翻訳をとりあげましょう(2)。

ある王国に無類の着物好きの王さまがいました。そこに二人の詐欺師がやってきてこう言います。自分たちはこの世にふたつとない珍しい着物を織ることができると。しかも、その着物はとても美しいばかりではなく、ある不思議な性質がある。なんと「自分の地位にふさわしくない者や、手におえないばか者には、それが見えない」というんですね。ここがポイントで、絵本などの短縮版だと、ただ「おろかものには見えない」になっていることもあるのですが、正確には「自分の地位にふさわしくない者」ともあることに注意が必要です。王さまはぜひその着物を手に入れたいと思います。無類の着物好きなんですから、そんなに美しい着物ならぜひ着てみたい。そればかりではなく、「これはつかえる!」と思うんですね。自分の地位にふさわしくない者には見えないなら、それが見えない大臣なんてクビにしてしまえばいいし、見えない王国民だって追放してしまえば、もっといい国になるはず。王さまは詐欺師にぜひ織ってくれとお願いします。

ここからは、みなさんよくご存知の展開。いつまでたっても着物は仕上がってきません。やきもきした王さまは、大臣にちょっと様子を見てきなさいと命じる。大臣がやってきたのを見て、ゴロゴロ寝っ転がっていた詐欺師はあわてて起き上がって、機織り機の前でよっこいしょよっこいしょと機を織るマネをする。着物が見えない大臣はあせるんですね、なにせ着物が見えないということは、自分が大臣にふさわしくない人間であることを証明してしまうわけですから。だから、大臣は王さまに実に美しい着物が織られていますと報告します。いろいろあって、ついに着物が完成したことに。詐欺師は恭しく、さも着物があるかのように差し出すわけですが、もちろん王さまに着物なんて見えません。けど、着物が見えないことは自分が王にふさわしくないことを証明してしまうわけですから、王さまはこれはすばらしいと着物を着るしぐさをする。

そして、王国民が集まるパレードで着物のお披露目をする。王国民たちも、口ぐちにすばらしい着物だとはやし立てるわけですが、そのなかで子どもが突然こう言うんですね。ここも絵本とかだと「王さまは裸だ！」と一言、ずばっと決まるのですが、元の作品だと「だけど、なんにも着てやしないじゃないの！」とややマイルドです。この子どもの一言をうけて、「なんにも着ていらっしゃらないって」「なんにも着ていらっしゃらない！」という声がこだましていくなかを、王さまはいまさらパレードを取りやめるわけにもいかず、困った顔で歩いていく、そんな感じで物語は終わります。

裸の王さまの思考実験

さて、この物語が示唆するところをよりわかりやすくするために、こんな思考実験をしてみましょう。子どもの一言、「だけど、なんにも着てやしないじゃないの！」はちょっとまどろっこしいので、「王さまは裸だ！」でいきましょう。もし、この子どもが「王さまは裸だ」っていうことを、王国民たちがみんな集っているパレードの場ではなくて、その日の晩ごはんのテーブルで、お父さんとお母さんを前に話していたとしたら、この物語はどうなっていたでしょうか。みなさんが、この子の両親だったとして、子どもにこんなこと言われたらどうこたえますか？

真面目なご両親なら、こうこたえるかもしれません。「お前は子どもでおろかものだからまだ見えないんだよ。けど、お前がいつかお父さんやお母さんのような立派な大人になったら見えるようになるものだよ」と。けれど、不真面目な親だとこんなふうなパターンもあるかもしれません。「そうだね、裸だったよね、けど、そんなことよそで言うなよ」と。

このパターンを分けるのは、真面目か不真面目かというのは正確ではなくて、王さまの権威がどれくらいこの王国に残っているのか、ですね。王さまのことを、まだ王として認める気分が残っているのなら、前者のようにこたえる親が多いかもしれません。けれど、もともとの物語は、子どものたった一言で、「裸だ」「裸だ」という声がこだましたわけです。王さまは、王国に生きる人びとのことなんてぜんぜん考えずに、着物のことばかり考えているのですから、もうすっかり信用を失っていて愛想もつかされているのかもしれません。ならば、可能性が高いのは後者かもしれませんね。

いずれにせよ、この思考実験からあきらかなのは、もし子どもの一言がパレードの場ではなく、晩ごはんの場だったとしたら、この国にはまだ劇的な変化は訪れていなかっただろうということです。

この物語、実は社会の革命的な移行期を描いているともいえるんですね。だって、この王さまの権威なんて、子どもの一言で地に落ちたも同然でしょう。王さまがパレードのあともなお王の地位にとどまることができるかは、はなはだ疑問です。王さまにへつらっていた大臣が跡を継げるかも微妙なもんです。ひょっとしたら、王さまは引きずりおろされて、そんないい加減な人間が国を治めるのではなくって、きちんとふさわしい人を選ぼうよ、なんてこともおきるかもしれません。でも、そんな変化も子どもの一言がパレードの前で発せられたものでないと、少なくともすぐにはおきなかったでしょう。まあ、こんな王さまですから、時間の問題だったかもしれませんが。

　さあ、いよいよ本題。ここで、こんなことを考えてみましょう。実はこの物語には、本当に「王さまは美しい着物を着ている」と信じている存在がいるんです。それは誰でしょうか？

　王さまでしょうか？　まさかまさか、着物が見えないとあせっていましたね。では大臣？　王国民？　いや、王さまと同じくです。ならば、詐欺師？　いやいや、詐欺師だって言ってるんですから（名乗っているわけではありませんが）、そんな着物がハナから存在しないことは百も承知です。では、子どもか？　いや、「王さまは裸だ」って言ってるんですから、美しい着物を着ているなんて信じているわけないですね。あれれ、どうもどの登場人物もそんなこと信じていないようです。でも、たしかに存在するんです。それは誰か？

それは、「みんな」です。えっ、なにそれ、反則と思われるかもしれませんが、ここでいう「みんな」がどのような意味なのか、ご説明しましょう。実は、この本では「みんな」ってことばを、ちょっと独特の意味でつかってみたいのです。

本当に「王さまは美しい着物を着ている」と信じているのは誰だ

みなさんが子どものときに、なにか欲しいものがあって親にねだるときに、こんなやりとりはなかったですか？

子「ねぇねぇお母さん、このゲームソフト買ってよ」
母「そんなもんいらん」
子「なんでよ～、だってみんなもってるんやもーん」
母「みんなって誰やのん？」
子「えー、坂本やろ、大西やろ、山下やろ……」
母「高森さんは？」
子「高森はもってへんなぁ」
母「ほんならみんなちゃうやないの！」

どうですか？　こんなやりとりのご記憶はないでしょうか？　ここで、母親は巧妙に子どもの主張を退けています。

実は「みんな」には二通りの意味がある。母親がつかう「みんな」というのは、文字どおり「全員」という意味です。それに対して、子どもがいう「みんな」は、「全員」という意味ではない。そうではなくて、いまはゲームソフトぐらいもってるのがトレンドなんだ、もってない子どもは流行に乗り遅れてるんだ、そういう雰囲気が子どもたちの間にはあるということ。つまり、物理的な意味での全員という意味ではなくて、子どもたちの間にそういう「空気」が存在してるんだ、その「空気」を「みんな」と言ってるわけです。母親はそのことを知りながら、あえて「みんな」を「全員」という意味で解釈してみせて、子どもをねじ伏せているのですね。

「裸の王さま」において、本当に「王さまは美しい着物を着ている」と信じているのは、この子どもがいう意味での「みんな」です。それは、この物語に登場するどの特定の人物にも帰属することがない、しかしたしかに人びとの間に存在して、人びとにどのようにふるまうべきか、メッセージを発している存在です。この物語に登場するすべての人びとは、全員「王さまが本当は裸だ」ということを知っています。にもかかわらず、「王さまは美しい着物を着ている」かのようにふるまっている。それは「みんな」がまだ「王さまが本当は裸だ」ということを知らないからです。「みんな」はまだ「王さまは美しい着物を着ている」と信じているからです。

子どもの「王さまは裸だ」という一言が人びとのふるまいを変化させたのは、王国民が一堂に会するパレードの場で、「みんな」の前で王さまが裸であることをことばにすることで、「みんな」に王さまが裸であることを教えてやったからなのです。

レヴィンの食習慣の実験に戻りましょう。もう私が言いたいことはおわかりですね。どうして「話しあい」をしたグループは、講義を受けただけのグループよりも、実際にホルモンを食べるにいたったのか。そう、自分の意見を「みんな」の前でことばにしたからです。講義を受けただけのグループの中にも、潜在的にはホルモンを食べてみてもいいかなと思った人はいたはずです。けれど、実際に行動に移すまでにはいたらなかった。「話しあい」をしたグループでは、「みんな」の前で、ホルモンを食べるにせよ食べないにせよ、自分の意見を口にした。このことによって、参加した主婦たちの間にある「みんな」に、「ホルモンを食べてもいいかも」という考え方をいくぶんか教えてやったはずです。それは、「裸の王さま」ほど劇的に、「みんな」のあり方を変化させるにはいたらなかったものの、いくらかは変化させた。その結果、三分の一の人が実際にホルモンを食べることにつながったのです。

「みんな」＝「空気」の研究

グループ・ダイナミックスは、心理学だけれど、個人のなかにある心ではなくて、人びとの間にある心が研究対象なんだとお話ししました。人びとの間にある心、それがこの「みんな」なんです。さらに、この「みんな」は、子と母のやりとりのところで述べたように、「空気」とも言い換えることができます。「空気を読む」「空気が読めない」というときの「空気」です。

山本七平という人が書いた『「空気」の研究』という名著があります。[3] 冒頭で紹介されるのは、太平洋戦争末期の戦艦大和の沖縄特攻です。戦局が悪化し、いよいよアメリカ軍が沖縄に上陸してこようとしたときのこと。戦艦大和を沖縄に派遣して、要塞のようにしてアメリカ軍とたたかおうとした作戦でした。

この作戦はまったく無謀でした。というのも、すでに日本は制空権を失っていたからです。大和を護衛する十分な航空機もない。大和は丸腰で沖縄に向かうことになる。そんなことしたら、アメリカ軍の飛行機の集中攻撃にあって、とてもじゃないけど沖縄までたどりつけないことは誰の眼にもあきらかだった。戦艦なんてもう役に立たない、戦争は航空機が主役の時代に移っていたわけですが、とはいえみすみす巨大な戦艦を沈めることになんの意味もないですし、大和には三〇〇〇人以上の乗船員がいるわけで、彼らを失うことは巨大な損失です。

まったく無謀で無意味な作戦だったにもかかわらず、実行されてしまったのはなぜだったのか。山本は当時の記録を参照します。大和の特攻作戦には、最初はもちろんみんな反対です。ところが、参謀長のある一言で、誰ももう何も言えなくなってしまった。その一言とは、「一億総特攻のさきがけになってくれ」でした。[4] その一言が発せられてからは、もう誰もなにも言えない「空気」だったというのです。

山本はここから、一国の命運を左右しかねない重大な決定においてさえ、日本社会では、実体のない「空気」が決めてしまうんだといいます。客観的な根拠を積み上げていったり、ひとりひとりが自分の考えを述べあいながらよりよい選択肢をさがすのではなくて、「空気」で決まってしまう。ここに日本社会の決定的な弱さを山本は見いだします。

たしかに、日本社会は「空気」のはたらきが、他の社会よりも強い傾向があるように思います。食習慣を変えてもらおうというときに、アメリカ社会ではすぐれた社会科学者が集められて、それぞれの専門的見地から意見を述べあったり、時には実験をして、客観的な事実を積み上げ、政策を考えていく。でも、日本社会では、そんなことより「ぜいたくは敵だ」の貼り紙のほうが効いてしまう。

短期的には、「空気」にはたらきかけるほうが、手っ取り早いこともあるかもしれませんが、社会全体がなにか危機に瀕しているときに、なんとなくの雰囲気で対応が決まってしまうというのはなんとも危ういと思います。このような「空気」のはたらきが、これからの日本社会の行く末を考えたときに、どのような影響を及ぼすかについては、この本のあとのほうでお話ししますね。この本では、このような「空気」を「みんな」と言い換えて、「みんな」＝「空気」のはたらきを考えたいと思います。

アクションリサーチとしてのグループ・ダイナミックス

さて、グループ・ダイナミックスは、人びとの間に存在し、実体がないにもかかわらず、人びとのふるまいを左右している「みんな」＝「空気」が研究対象なわけですが、その研究スタンスにも特徴があることをお話しして、この章を終えましょう。

その特徴とは、「実践」に関心があるということです。グループ・ダイナミックスの創始者、レヴィンの実験を思い出してください。いかに人びとの食習慣を変えることができるか、というのがテーマでした。つまり、グループ・ダイナミックスは、ただ現象を「知りたい」だけではなく、なにか望ましい状態へと「変えたい」という志向性をもっています。実は、レヴィンはグループ・ダイナミックスの創始者であるだけでなく、はじめて「アクションリサーチ」ということばを明示的に用いて実践的な研究をおこなった、アクションリサーチの創始者でもあるんです。アクションリサーチとは、研究者と当事者がよりよい社会的状態をめざしておこなう協働的な実践研究のことです。(5)

この本では私がこれまでかかわってきたこと、具体的には災害からの復興支援の現場なのですが、そこで出会ったことがらについて、「みんな」＝「空気」を手がかりに考えていきたいと思います。いうなれば「災害復興の「空気」の研究」です。でも、それは実践研究、アクションリサーチです。災害復興の現場に飛び込んで、悩みながら、現場の人と一緒に取り組んで考えてきたことをお話ししたいと思っています。

第1章

右肩下がりの被災地で復興にのぞむ

新潟県中越地震のエスノグラフィ

新潟県中越地震

新潟県中越地震（以下、「中越地震」）がおきたのは、二〇〇四年一〇月二三日一七時五六分。私が二〇歳のとき、大学二年生の秋のことでした。

この地震の特徴を簡単に紹介すると、まず最大震度七、これは阪神・淡路大震災以来、観測史上二度目の震度七で、震度計が観測するようになってからはじめての震度七でもありました。被災地は、阪神・淡路大震災のような大都市の対極にあるような、山間部に散在する集落。もともと日本有数の地滑り地帯であり、地震後に大規模な地滑りが多数おこり、集落が孤立するということもおきました。特に、旧山古志村（現長岡市）は、山に囲まれた地域なのですが、村内の被害が甚大で、隣の長岡市へとヘリコプターで約二〇〇〇人の村人が全村避難をしました。

この地震の最大の特徴は、地震以前から過疎高齢化が進む中山間地域が被災したことです。たとえ地震以前の状態に戻したとしても、過疎高齢化は進みます。つまり、ただ被害を「復旧」しても、それって「復興」とはいえないんじゃないか。じゃあ、「復旧」とは違う「復興」ってそもそもどうなることなんだろうか、と。この地震は「復興とは何か」という問いへの関心の高まりにつながり、実際に地震から三年後に、「復興」を考えるための研究者や実践者からなる学会（日本災害復興学会）が設立されています。

このような新潟県中越地震の現場に、まずは私がどのようにかかわるようになったのかをお話ししたいと思います。というのも、私はずいぶん斜に構えた大学生で、とても「被災地支援」になんて縁のなさそうな人間だったんです。そんな人間がどうしてこうも、ずっぽりはまってしまったのか。

地震がおきて、何人かの先輩や同級生が現地にボランティアとして通いはじめました。私が所属していたのは、ボランティア人間科学講座というところで、もともとなにかしらの社会問題に関心をもっている学生も少なくなかったからかもしれません。けど、私はそんな名前の講座に所属していたにもかかわらず、ボランティアに通う学生をどこか冷ややかに見ていました。「ああ、ボランティアか、みんな真面目やなあ」という感じです。そのくせ、現地に行った学生が、共用スペースのソファでお昼ごはんを食べながら活動報告をしているときには、五メートルほどの距離をとって、耳を立てて聞いているという感じでした。

はじめて中越地震の被災地を訪れたのは、地震から半年後の二〇〇五年の五月でした。コミュニティ形成の支援をしようと、仮設住宅にお住まいのみなさんに集まってもらう拠点づくりのために借りていた事務所から引っ越すのに、男手が足りないというのです。当時現地に通っていた学生の多くは女性でした。交通費も現地を支援しているNPOから半分助成があるというので、夜行列車の急行きたぐにの自由席に乗って大阪から長岡にむかったのでした。

すべてのはじまり

滞在は二日間の予定でした。事務所の引っ越しのお手伝いをして、引っ越したことを知らせるチラシを仮設住宅で配ったりして、素直じゃない私でも「なかなか大変な暮らしだなあ」と思ってすごしたことを覚えています。けれど、もしそのまま予定どおりに大阪に帰っていたら、もう新潟に通うことはなかったと思います。きっかけは、二日目の夜でした。

帰りの夜行列車まで時間があったので、当時神戸から派遣されていた鈴木隆太さんと長岡駅前の居酒屋でのむことになったのです。隆太さんは、阪神・淡路大震災のときに、私と同じようにやっぱり二〇歳くらいで、愛知県からボランティアにやってきて、そのまま神戸に住んでさまざまな被災地で活動していた人でした。隆太さんとのみながら、自分たちの活動のことなどを話しました。そして、「隆太さんは今日はなにしてたんですか？」とたずねると、「村人と道を直してる」と。

村人が生きがいにしていた田んぼや畑があるのだけど、そこまで行く道が、山が崩落してしまって通れなくなっていると。崩落したところは重機がないとどうにも直せないのだけど、その現場まで行く道がガタガタになっていて重機が通れない。役場にはやく直してくれと何度も頼んだけど、なかなか動かない。そこで業を煮やした村人が、生コンクリートを現物支給してくれたら自分たちで直すと言いはじめた。今日は、生コンを流す型枠をつくって、明日いよいよ生コンを流すんだと。もし、みなさんがこんな話を聞いたらどう思いますか？

私は、「隆太さん、僕の急行券二日間有効みたいなんで、明日帰るのでもよさそうです！道を直すの、一緒に行かせてもらっていいですか？」と言いました。なんか面白そう、って思っちゃったんです。ここで一日だけ滞在を延長したことが、あとあと考えるとすべてのはじまりでした。

翌日、ひどい二日酔いでまったく起きられない状態になっているところに、村人が迎えにやってきました。隆太さんにたたき起こされ、フラフラの状態で車に揺られて山にむかいます。集落に到着すると、鉢巻きをして、鍬《くわ》とか鋤《すき》をもったじいちゃんたちが仁王立ちで迎えてくれました。けっこうなお年の面々です。「おい！　若いの！　今日はお前が頼りだぞ！」と言われます。たしかにこのメンバーだと、私ががんばらないといけなさそうです。「はい！」とはりきります。

いよいよコンクリートミキサー車がやってきて、「オーライ！　オーライ！」なんて私が声をあげて作業がはじまってから、五分、いや三分のことでしょうか。ある決定的なことがあきらかになります。それは、私がどうにも役に立たないということでした！「もう、お前がさわると仕事が増えるから余計なことするな！」と、最後は九〇近くのじいちゃんが生コンを平らにならす仕上げをする手前の、山盛りの生コンをちょっとくずすだけならやってもいいということで、どうにも戦力になりませんでした。

見ていると、じいちゃんたちがみるみるうちに、きれいに生コンをならしていきます。あるじいちゃんは、どこからかベニヤ板をもってきて、板のフチでとんとんと生コンの上をたたきだしました。すると、生コンがみるみるうちに平らになっていきます。こういうお仕事をやったことあるのですかとたずねると、やったことないと言います。じゃあ、なんで板のフチでたたいたらいいこと知ってるんですかと聞くと、春に田んぼを平らにするときに同じようにするんだと。田んぼっていうのは水の高さをそろえるのが大事だから、こうやって平らにするんだよと。応用されてるんですね。すごいなあと思いました。やったことないのに、見事に平らな道をつくりあげていく。めちゃくちゃかっこいいんです。

作業が終わったあと、のみ会になりました。集落では、こういう作業をみんなでしたあとはだいたい、「上がり酒」っていって、のみながら労をねぎらうんですね。その「上がり酒」の場がまた印象的でした。とにかく爆笑話の連続で、みんなおなかを抱えてゲラゲラ笑うんです。「オラ、ユンボに乗ったままあの山から二回落ちたことがある」「オラ、家から二回とも、オマエが落ちるとこ見てたぞ！」「ホントけぇ⁉」、一同爆笑、みたいな感じです。

私はちょっと衝撃をうけていました。というのも、現地に来るまでのイメージと、目の前にいる人たちの様子がまったく異なっていたからです。

まず、これは本当に恥ずかしい偏見なのですが、大阪育ちの私は「日本海側」という場所に、どこか寂しい印象を勝手にいだいていました。さらに、地震がおきてから、被災地は地震以前から過疎高齢化が進む中山間地域なんだと聞いていましたので、私はお年寄りたちが、将来に絶望しながら、暗く、悲しく、寂しくすごしているんだと勝手に思っていたのです。ところが、集落にやってきてみると、ぜんぜん違った。とにかく、かっこいいし、明るい。たしかに、地震で大変だなあ、年寄りばっかでなあという話も出るのですが、表情が生き生きしているんです。むしろ、暗く寂しくすごしてるのは、大学で斜に構えている私のほうなのでした。ああ、こんな人たちが自分が生きている同じ世界にいるんだと思いました。そして、この人たちにまた会いたいなあと思いました。こうして、私の中越に通う日々がはじまったのです。

中越復興市民会議

気がつけば、大学三年生の後半は、月の半分を新潟ですごすようになっていました。はじめて現地を訪れたときに、拠点の引っ越しをしたとお話ししました。その引っ越し先というのが、二〇〇五年の五月に設立された、復興のための中間支援組織[1]、中越復興市民会議（以下、「市民会議」）という民間団体の事務所でした。

支援組織といっても、当時のメンバーはふたりで、事務局長の稲垣文彦さんと、スタッフの阿部巧さんです。稲垣さんは、ちょうど仕事をやめていた時期で、地元の地理に詳しいからとボランティアをしているうちに、あれよあれよと事務局長に。阿部さんは、私の四つ上で、当時は大学休学中、やっぱりボランティアでかかわっていたところから、スタッフになった人でした。災害支援や地域づくりに、ほとんど経験がないメンバーでの活動スタートです。

立ち上がってすぐの市民会議は、とりあえず被災地のどこかでなにか活動があると聞きつけると、おじゃまして、お手伝いできることはその場でやって、それを市民会議のウェブサイトに記事にして紹介していました。私も、中越に来ては、阿部さんにくっついて、いろんな地域におじゃまするということをしていたんです。

そんな毎日を送っていたこの年の冬の夜のこと、やっぱり長岡駅前の居酒屋で、稲垣さんと、私の指導教員だった渥美公秀先生と三人でのんでいました。そこで、私はこんなことを言ったんです。いやあ、もう月の半分以上こっちですわ、大阪にはバイトのために帰るみたいなもんで、交通費ももったいないし、いっそこっち住んだほうが楽ですわと。まあ酔っぱらっていて、半分冗談みたいなところもありました。ところがつぎの日、渥美先生から「宮本君、そういや昨日のこっち住むいう話は、どうなったんや?」と真顔で聞かれました。「えっ」と言葉につまったのですが、なんか酔っぱらってて心にもないこと言いましたというのも恥ずかしく、「ああそうですね、ちょっと考えてみます」なんて返事をしてしまいました。そうして、気がつくと、いろいろ外堀が埋まっていて、翌年、四年生の春から、私は中越に移り住み、市民会議のスタッフとして、復興支援にかかわることになりました。

震央の村・木沢集落

市民会議のスタッフとして、さまざまな地域にかかわらせてもらうことになったのですが、ここではそのなかでも私が中心となって活動した木沢集落のお話をしたいと思います。木沢集落は、川口町(2)の北側の山間部、標高約三〇〇メートルのところにある村です。

私がはじめて木沢を訪れたのは、二〇〇五年一〇月二三日、地震のちょうど一年後。川口町出身で長岡技術科学大学の教員だった上村靖司先生が中心になって企画した震央探索ハイキングに参加したときでした。地震の「震源」は地中深くですが、その地上にあたるところを「震央」といいます。震央探索ハイキングは、中越地震の震央を、気象庁の発表した数字にしたがって探しあてようというものでした。中越地震の震央は、木沢集落の田んぼの真ん中にあったんです。そういうわけで、みんなで標柱（正面に「はるかなるふるさと」という文字があり、そのまわりに川口町の小中学生が寄せ書きをした木製の柱でした）をかついで歩いて、木沢の田んぼの真ん中に突き刺したのでした。

震央のあった村、木沢集落の被害は激しく、九割以上の家屋が全壊や大規模半壊でした。家屋倒壊でおばあさんがおひとり亡くなっています。また、あとで詳しく述べますが、木沢集落では地震によって地下水脈が変わってしまい、おもに農業に用いていた地下水が出なくなってしまったことが大きな問題になっていました。

このような木沢集落ですが、実は地震の直後から有名になっていました。なぜか。

木沢集落から山の下の川口町の中心部に下りていく道はふたつありましたが、ふたつとも地滑りで通れなくなっていました。先に紹介した山古志村のように木沢集落も地震で孤立してしまったのです。中越地震では、震度七の本震のあとにも、震度五、震度六といった大きな余震がくりかえし被災地をおそいました。建物の中で避難するのは危険と判断し、多くの人たちが路上や車の中での避難を選びました。木沢集落でも、地震直後から、村の人たちが集会場の前に集まって路上での避難生活がはじまります。ブルーシートをはりめぐらして風を防ぎ、そこ

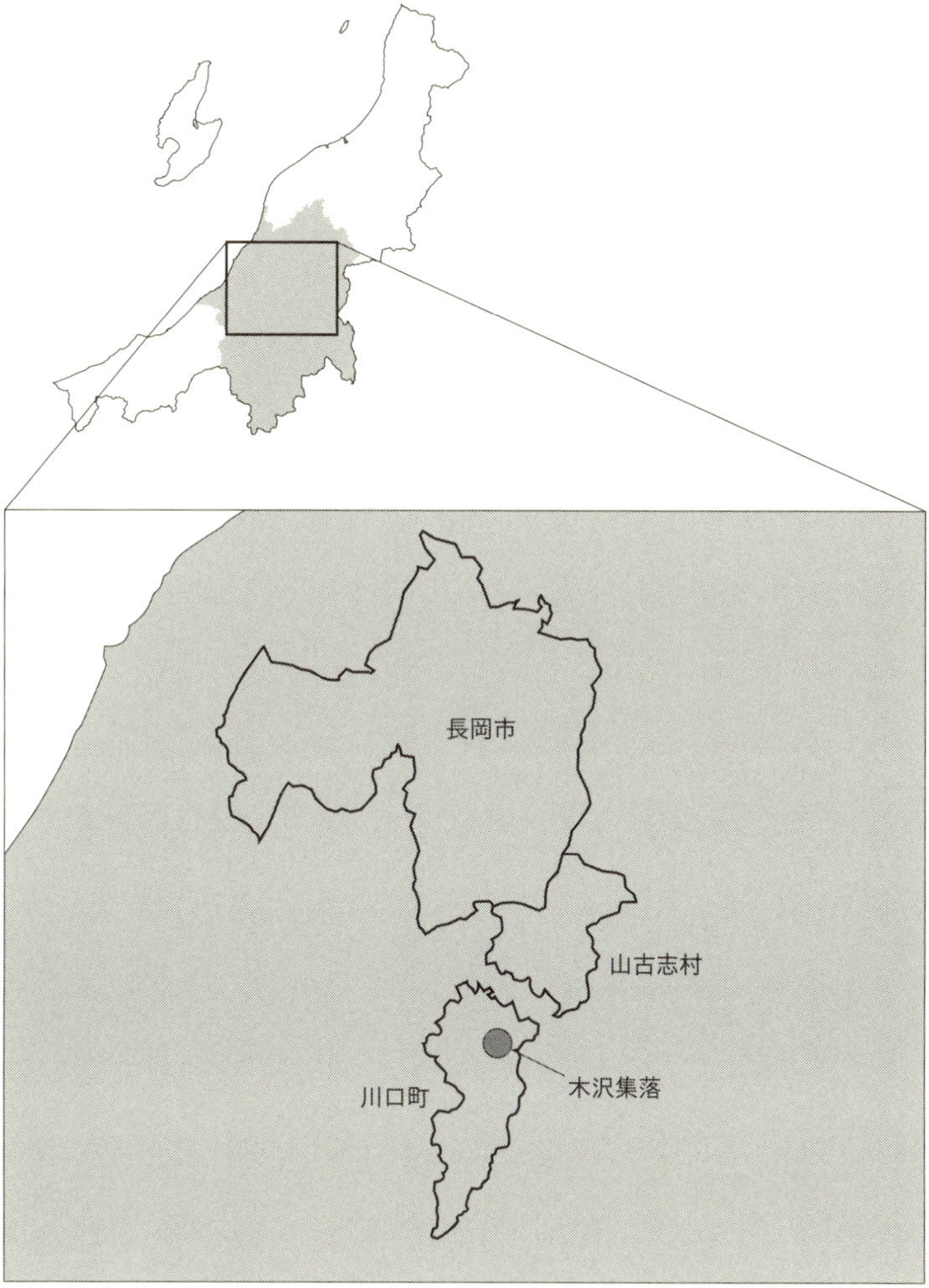

中越地域と木沢集落（市町村境界は、中越地震当時）
地理院タイル「染色地図」、歴史的行政区域データセットβ版をベクトルタイルに加工したもの、地理院タイル「白地図」をもとに作成

に年寄りを集めました。そして、自分の家の冷蔵庫や畑にある野菜などをもちよって、炊き出しをしました。ところが、孤立した状態の路上での避難生活は二日で終わったといいます。というのも、被害を受けたふたつの道について、ひとつは山が崩落していてどうしようもないが、もうひとつの道はなんとか直せるんじゃないかと、なんと村人が道路の自力復旧に動きはじめたのです。当時、村の中には、この年の夏の七・一三水害(3)で被災した農地を復旧するための重機がありました。村人のなかには、仕事で重機をあつかっている人もいました。こういう重機というのは、だいたい同じ場所に鍵を隠しているんだそうです。アブラも入っているということで、重機をつかえる人は重機で、重機をつかえない人は、スコップをつかったり、土を一輪車で運んだりと、みんなで協力して、とうとう道路の仮復旧をしてしまいました。

　木沢集落が有名になったのは、自分たちで直した道を通って、自分たちの車で、自分たちで役場まで救援物資をとりにいったからです。このように、木沢集落は困ったときはお互いに助けあうという自立の気風があるところなんです。

　そんな気風を知ることができる話として、もうひとつ。木沢集落では、むかし、冬の間にあることがおきると村中総出の大仕事になったそうなのですが、なにがおきたときだと思いますか？　そのこと自体は、特別に冬でなくても一年中おきうることです。さてなんでしょう？

それは、人が亡くなったときだそうです。お通夜やお葬式の準備が大変だから？　もちろん、近年のような少人数でのお見送りではないですし、葬儀屋さんがいるわけでもないですから、親戚や近所の人たちで助けあいます。では、なぜ冬に人が亡くなると、村中総出の大仕事になったのか？　火葬するのが大変だったというのです。亡くなった人を火葬するにはたくさんの燃し木が必要です。湿った冬の時期に、燃し木にできる木を集めるのが大変だったそうで、村中からかき集めて運ぶ必要があったのだと。このエピソードからも、木沢集落のなかでの人間関係がとても密なものだったことがわかりますね。

天神囃子がこだまして

震央探索ハイキングのつぎに木沢を訪れたのは、それから約二か月後の二〇〇五年の一二月でした。ある夜、市民会議として木沢のいまの状況とこれからのことを考えるはじめての会合が開かれました。そこでは、焼き物があるとか、珍しいトンボやカエルがいるというような話が出たように思います。そして、数日後に、「よりあいっこ」という地域のお祭りがあるから来ないかと誘われました。稲垣さんから、交通費出してやるから行って来いと言われ、夜行列車で大阪に戻った私は、数日でまた夜行列車に揺られて新潟をめざしました。

夜行列車が長岡駅に着くと、その日は大雪で、越後川口駅まで移動できる電車が次つぎと運転を見合わせていきました。お昼近くになって、やっと動き出し、越後川口駅までは行けたのですが、今度は駅前のタクシー乗り場で「木沢に行きたい」と言うと断られます。この雪じゃ、あの坂は上がらないというのです。なるほど、やっぱり大変な場所にあるんだなあと思いつつも、こっちも夜行列車に乗ってはるばる大阪からやってきたわけですから、ああ仕方ないですねというわけにはいきません。とっても大事な用事があるから、どうしても木沢に行かないとだめなんだとお願いしていると、ひとりのドライバーが、じゃあ中型のちょっと大きめの車でなら行ってやるけどいいか、料金もちょっと高くなるけどと言ってくれました。そうしてなんとか木沢までたどりつくことができたのです。

この「よりあいっこ」は大変印象的でした。地震直前に廃校になっていた旧木沢小学校の体育館に村人が集まって、踊りなどの出し物を見ながらの大宴会です。会場に着くと、「よく来た！」と席に着かされ、鯉こく（鯉を味噌で煮た汁もの）、鯉の洗い（鯉の刺身を湯で洗って氷水でしめたもの）、けんちん汁（根菜、きのこ、豆腐などが入った汁もの）、手打ちのそば、などのごちそうが次つぎと運ばれてきます。

運ばれるのは、もちろん食べ物だけでなく、のみ物もです。いろんな方が「よく来た」と言って、目の前のコップにビールが注がれていきます。それが、やがて「お前、酒がいいか？」と日本酒になり、そして「こいつが最高なんだ」と、どぶろくになります。「どぶろくは、腹の中で発酵してアルコールが増えるから気をつけろ」ということばを、ほんまかいなと聞き流しながらおいしくいただきました。

大宴会のあとは「二次会」で、その年の区長だった星野秀雄さんの家におじゃましてまた大宴会です。ここで、私は生涯忘れられない体験をしました。この地方には、「天神囃子」という祝い唄があって、なにかおめでたいことがあった場で、たとえば結婚式などで必ず歌われるそうなんです。その「天神囃子」が地震のあとはじめて、木沢で歌われたのが、この「二次会」の場だったのです。

「天神囃子」には、音頭取りといわれる人がいて、まずその人が歌をきりだします。すると、それに呼応するように、その他全員が歌います。つまりは、かけあいの、コールアンドレスポンスのスタイルなんです。私は、このあと、木沢をふくめ、さまざまな地域で「天神囃子」を聞きましたし、やがて私も木沢では一緒に歌うことになるのですが、そのなかでもダントツに心が震えたのが、この最初に聞いた天神囃子でした。みんなの声が力強くひとつになり、それが家中に、というか、たいそうな言い方ですが、大地と一体となってこだまするように響き渡っていたのです。私は芯から感動しました。地震のあとのいろんな思いがあのような歌声にさせたのではないかと思いますが、どぶろくもけっこう効きはじめていたのかもしれません。

支援をすればするほど

さて、市民会議としてはじめての会合が木沢で開かれたあとの帰り道、車の中で稲垣さんから「みやちゃん、木沢担当ね」と言われました。そのときには、もう翌年に長岡に引っ越して、市民会議のスタッフになることが決まっていたからです。「とりあえず、木沢で畑でも借りたらいいんじゃない?」とも言われました。そうして、私は木沢集落に通いはじめることになりました。木沢に通いはじめて最初に直面した困難がありました。実はこの困難がどうやってのりこえられたのか、というのが、私の卒業論文であり、修士論文であり、博士論文であり、なんならいまも考えていることなんです。さて、それはどんな困難だったのか。

木沢集落にかかわっていくにあたり、川口町役場の星野晃男さん、間野光晴さんと相談をしていました。地震前から地域振興にたずさわってきた星野さんや、間野さんが言うには、長期的な復興を視野に入れて活動するのなら、地域のいわゆる町内会、自治会にあたる組織で進めるのは難しい。村の代表の区長（総代ともいいます）や役員は、一年で交代してしまう。それに、村の役員は必ずしもみんななりたいからやっているわけではなくて、持ち回りの側面もあって、義務感でやっている人も少なくない。だから、村の自治会とは別の組織で、できるだけ関心のある人が集まってやる形のほうがいい。実は、地震の数年前につくられた「フレンドシップ木沢」という団体がある。地域でそういう活動をするなら役場がすこし助成をするというので、木沢では「将棋大会の景品がよくなるぞ」と立ち上げたまま、活動は休眠状態。この組織を活用してみてはどうか、と。

そこで、まずはフレンドシップ木沢という組織の再出発という形で活動がはじまりました。私が直面したのは、フレンドシップ木沢が活動を再開した最初の会合でのことでした。

地域づくり、あるいは地域での復興というときには、ある種のセオリーがあります。それは、最初にまず地域の未来像について、自分たちがどんな地域になりたいのかをみんなで話しあって、活動の目標を決めるのです。目標を決めたら、そのために必要な手段である具体的な活動を考えて、取り組んでいく。そうやって、よりよい地域の未来像にむかって変わっていきましょうよと。これがまあ一般的なやり方なんです。ですから、私や阿部さんも、フレンドシップ木沢の会合で、まずはみなさんこの木沢がどんな村になったらいいと思いますか、木沢の未来について話しあいましょうとなげかけたのです。

ところが、その話しあいがまったくうまくいきません。みんな、「おい、お前はなにを見てんだ」と言うのです。「おぃ、この村には地震でもう子どもがいないんだ、子どものいない村に未来なんてねぇ!」「もう年寄りばっかでだめだ」「オラばかなんだんが、復興なんて難しいことよくわかんねぇ」「だいたい、復興なんて役場の仕事だろ! 役場はいつになったらあの道を直すんだ!」。

この木沢がよりよい村になるように話しあいをしましょうということをなげかければなげかけるほど、もうだめだという「諦め感」、自分たちではどうしようもないという「無力感」、自分たちでどうしようもない以上誰かにお願いせざるをえないという「依存心」、この三つを引き出してしまうという事態に陥ったのです。さらに会合は、地震によって地下水脈が変わってしまい、水が出なくなったことに話題が移っていき、「水がない」「水がない」の一点張りとなり、話しあいが前に進まなくなってしまいました。

困ったなあと思いつつ、会合の終わりに、稲垣さんに言われていたことを思い出した私は、「ところで、木沢に通いたいんで、畑を貸してくれませんか?」となげかけました。一同シーンとなり、お前は何を言ってるんだという空気が漂うなか、「よし、なんとかしてやろう」とこたえてくださったのが、その年の区長だった星野幸一さんでした。この幸一さんがやがて私の師匠になります。

畑づくりがはじまる

畑づくりをしに木沢に通う日々が始まりました。私の畑は、村の真ん中を走る県道の上、見晴らしがよいばかりでなく、私がそこで畑作業をしていると村のどこからも私が来ていることがよくわかる場所でした。私が畑に着いて、さあ草抜きをしようとすると、すぐに幸一さんがやってきて、いっぱいのもう、いっぱいのもう、という仕草をされます。畑は幸一さんの家のすぐ上だったのです。

この、いっぱいのもう、というのは、実はお酒ではなくてお茶なんです。幸一さんはお酒がのめないのですが、お茶のみが大好きなんです。みなさんの生まれ育った地域にはお茶のみという文化はありましたか？　農家のみなさんは、農作業は朝早くと夕方の仕事で、暑くて動けない真昼には、お茶のみ仲間の家をたずねあって、お茶をのみながら世間話をするんです。幸一さんはこのお茶のみが大好きなんですね。というか、幸一さんがおいしいお茶を出してくれながら、真面目な顔で連発する冗談を聞きに、たくさんのお茶のみ仲間が幸一さんのもとをたずねてくるんです。そこで私もお茶のみに誘われたのでした。

お茶をのみながら、当時の私は自分が「支援者」だと思っていたので、支援者らしくふるまわないといけないと思っていました。フレンドシップ木沢の会合で、「水がない」と言われたので、どうすれば水を出せるようになるのか調べていました。地下水を汲みあげるために穴を掘るボーリング作業は、一回で一〇〇〇万円前後かかることがわかりました。しかも掘ったとしても水が出るとは限らず、また水が出たとしてもずっと出続けるかもわからないということでした。一介の大学生にそんなお金を集めることはできません。では、山の下の信濃川から水を運んではどうかと考えたのですが、そっちはすくなくとも二億かかるとのことでした。「水がない」と言われながらも、「水を出す」ことがとても難しいのだということがわかっていたのです。

　そこで、お茶をのみながら、幸一さんに、水を出すことが簡単ではないことを知りながら、「いやぁ、幸一さん、水、出ないんですよねぇ、水が出ないと生きがいの農業ができないですよねえ」なんて、悩ましそうに眉間にシワをよせて私が語りかけると、幸一さんは「オゥ」と一言いって、隣の部屋に消えていきました。あれれ、大丈夫かな、水が出ないことわかってるのに、いい加減な感じでふるまってるのがばれて怒らせてしまったのかなあと、やきもきしながら待っていると、幸一さんが戻ってきました。なにやらアルバムらしきものをもっています。

「それなんですか?」「オゥ、これは浦島太郎が魚釣りをしているように見えるから、ウラシマソウと名づけられた草だ」

　みなさんなら、このような状況で、次のページの上の写真を見せられたらどう思いますか?

　私が発したのはこうです。「えっ！　なんですかこれ。なんちゅう形してるんですか!?　植物ってこんなに自由なんですね」。いまふりかえってもよくわかんない反応ですね。すると、幸一さんが、ほら、つぎっ、と指さします。
「こっちはなんですか?」「オゥ、これは花がネジみたいに咲くから、ネジバナだ」「ええ！　すごい。ぼく、東大阪育ちやから、ネジはいっぱい見てきたけど、ネジバナなんかはじめてですよ！」

　すると、幸一さんの表情が変わります。「オィ、ウラシマソウはたしかに珍しくて、オラも簡単には見つけられねえ。けど、ネジバナなんか全国どこでもそこらへんに咲いてるぞ」と。たしかに、大阪に戻ってから、すこし注意深く観察していると、ネジバナはあちこちにありました。「オィ、オマエ、大学生だって聞いてたから頭がいいのかと思ってたら、なにも知らねえじゃねぇか。ちょっとオラが山に連れてって教えてやる」。こうして、畑づくりに来ると、幸一さんに呼び出されて、そのまま山歩きになる、というパターンがはじまりました。

ウラシマソウ

ネジバナ

山のレッスン

幸一さんとの山歩きはこんな感じです。

「オィ、宮本君、あの木の皮をはいでみろ」「はい!……ちょっと、幸一さん、やめてくださいよ! この木、まっ黄っ黄じゃないですか、なんか変な病気ですよ、こんなのさわらせないでくださいよ」「ばかやろう、この木はキハダといって、皮をはぐと黄色い木なんだ。この木を煎じてのむと、おなかを壊したときに効く。昔はこういう山の村は病気になっても簡単に医者にかかれないから、こうやって村の中にあるもので体の調子を整えたんだ」「へえ、すごいですねえ」と。

またあるときは、「オィ、宮本君、あの木の花がなにかわかるか?」「わかんないです」「あれは桐の花だ。あの桐がなぜあそこに生えているのか、わかるか?」「いや、どっかから種飛んできたんじゃないんですか?」「ばかやろう、あれは人が植えたんだ」。

さて、ここで私は幸一さんから問題を出されました。桐の木というのは、昔、あることがあったときに植えたというのです。さて、なにがあったときに、桐の木を植えたと思いますか?

それは、女の子が生まれたときです。なぜ、女の子が生まれたら桐の木を植えたのか。結婚するときに、当時はまだ「嫁入り」といって、女性が男性の家に入るというのが一般的でした。その「嫁入り道具」に桐箪笥《きりだんす》を持参したんですね。桐箪笥なんていわれても、もうあまりなじみがない人も多いかもしれません。桐は加工がしやすかったり、防虫効果があったりして、高級な箪笥をつくるのに用いられたんですね。桐箪笥にはなにを入れるかというと、一張羅の着物などです。女の子が生まれたら、その子が将来お嫁に行くときに持参する桐箪笥の材料にするために、桐を植えたのだというのです。

私はそれを聞いて考えさせられました。現代なら、結婚などをきっかけに、誰かと一緒に生活をはじめるときには、まあＩＫＥＡだかニトリだかに行って、当座はこれでいいよねという家具を手ごろな価格で買うのが一般的ではないでしょうか。必要なものがあれば、そのときにお金を払って手に入れると。でも、この村に生活していた人は、一〇年とか二〇年先のことを考えて生きているわけです。どうも自分とは時間のとらえ方が異なるのではと思いました。

そして、その桐の木を植えてもらった女の子はどんなふうに育つのだろうとも思いました。物心がつけば、きっとことあるごとに、あの木はお前が生まれたときに植えたんだよと聞かされるはずです。その子は、その木と一緒に成長していく。きっと、その木を見るたびに、自分の家族が自分の誕生にむけてくれたよろこびや、なにかあたたかな気持ちを感じるんじゃないだろうか。時間の感覚だけじゃなくて、家族の関係も、どこか自分とは異なるとても豊かなものがあるんじゃないかと思いました。「いやぁ、しかし、幸一さん、桐の花があそこにまだ咲いてるってことは、嫁入り失敗でしたね」「ばかやろう！」。

　山歩きをしていると、ほかの村人にも出会います。「オィ、宮本君、あそこで畑上手の正子さんが畑づくりに精出してるぃやぁ」「ほんとだ、行ってみましょう」。そこには、なんともつややかに美味しそうな野菜が畑に並んでいます。

　実はこのとき、私は市民会議のスタッフではあったのですが、月の給料が八万円でした。二万円とすこしのマンションの家賃を支払い、さらに先生から月に一度はゼミに帰って来いと言われ、その夜行列車の往復の運賃も払わなければなりません。またこういう現場は懇親会なんかもあって、気づけばお金は消えていきます。まあ、よくわかんない学生に八万円も支給してくださっているのにまずは感謝だったのですが、とにかく私はお金がなくて困っていました。

　そんな状況で、目の前には美味しそうな野菜が並んでいます。みなさんなら、どうしますか？　やっぱりこの野菜、ほしいですよね？　さて、問題です。どうすればこの野菜を分けてもらえるでしょうか？

　畑仕事を手伝う！　と考えたあなた、それは大正解です。必ず分けてもらえるでしょう。けれど、私は横着というか、肌がデリケートでして、土をさわるとけっこう指とかが荒れちゃう

んですよね。なので、できればあまり土はさわりたくないと。ならば、どうしたか。はい、そうですね。目の前の野菜をほめてほめてほめてほめまくるんですね。「これなんですか？」「これは甘長唐辛子だ」「へぇ～きらきらしてますねぇ！　こういうのを翡翠《ひすい》色っていうんでしょうねぇ！」。この調子です。すると、正子さんも察してくださったのか、ホラと野菜を分けてくださるんですね。

実は、なかなかの極貧生活だったはずのこの年、私は一五キロも体重を増やしてしまいました。というのも、野菜をいただいていたのもそうなんですが、ちょいちょいおうちにあげていただいて、ごはんをごちそうになっていたんです。すると、あまり食べたことがない、でももものすごく美味しいおかずが並びます。たとえば、私が大好きだったのは、アケビの新芽（現地では「木の芽」と呼びます）をさっと湯がいたものに溶き卵をかけて醤油で味付けしたもの。ほろ苦くてなんともおいしいのです。ほかにも、手作りのこんにゃく、珍しいきのこ、そしてさまざまなお漬け物。釣りが上手な人からはアユもごちそうになりました。そして、なによりごはん。山の棚田でつくられたお米は驚異的に美味しいのでした。

水を出すこともできないし、あんまり大した貢献もできないし、そんなしがない大学生には、出された食べ物をとにかく美味しい美味しいって言って食べることしかできなかったんですね。すると、お母さんたちもとても喜んでくださる。ふだんは、どんな食べ物を出しても、うまいもまずいも言わずにじいさんはもくもくと食べてる。でも宮本君は、喜んでおいしそうに食べてくれる、じゃあつぎはこんなのつくってやろうという具合に。そして、私のほうも、決して演技ではなく、本当に美味しくて、おなかがはちきれそうになるまで食べてしまうのです。そして気がついたら一五キロ増にいたっていたのでした。

結婚の決め手は

さあ、もうおひとりだけ、紹介しましょう。弥吉のばあちゃんの話です。

弥吉というのは屋号です。木沢集落に住んでいる半分以上の人は苗字が「星野」です。苗字では区別できません。村人は、苗字ではなく、それぞれの家の名前である「屋号」で呼びあっています。屋号は、弥吉のように先祖の名前がもとになったもの、コビキ（「木こり」のこと）のように先祖の仕事にちなんだもの、十二ノ脇のように、十二神社の横に家があったからという地理的な理由に基づくものなどがあります。この屋号で呼びあうというのも、私にはとても新鮮なことでした。

さて、弥吉のばあちゃんの話に戻りましょう。ばあちゃんは、木沢でひとり暮らしです。じいちゃんが早くに亡くなってしまい、じいちゃんが大切にしていた本を二〇冊ほど選んで、自分はそれを読むわけではないのだけれど、小さな木箱に入れて居間においていて、それを眺めながら暮らしている、そんな人です。その居間でお茶をのみながらお話を聞いていたときに、じいちゃんと結婚したときの話になりました。
一九歳の春に、それまで三年勤めていた富山の紡績工場を、親の体がよくないというので村に戻ってきなさいと、退職したそうです。紡績工場、私たちが教科書で習ったいわゆる「女工」さんだったんですね。村に戻ったら、お前もいい年だから嫁に行けと言われた。当時の結婚は、好きになった人どうしが結婚する恋愛結婚なんてなくて、親どうしが相談して決めていた。ばあちゃんの親も、向こうの親と話をつけてきた、たまたま同じ木沢にあるおうちだったそうです。話はつけたけど、お前にも考えがあるだろうと、一晩時間をあげるから考えなさい、明日の朝返事をするからねと言われたばあちゃん。

さて、その夜、人びとが寝静まったころ、ばあちゃんはこっそり家を抜け出して、自分の嫁入り候補の敷地にしのびこみ、あることを確認して、「よし、ここなら嫁に行ってもいいな」と決めたんだそうです。さて、ばあちゃんはなにを確認したんだと思いますか？

みなさんなら、結婚するというときに、どんなことが気になりますか？　見た目が好みかなとか、稼ぎはどうかとか、家は広いかなあ、きれいかなあ、一緒に暮らしていく相手のご家族はやさしいかなあとか、そんなことが気になるのではないでしょうか。ところがばあちゃん、そのいずれでもなかったんです。

夜も更けたころ、相手の敷地にしのびこんで、そっと家の裏にまわった。そして、その家の井戸水をのんだんだそうです。ばあちゃんは自分の育った家の井戸水がとても美味しくて気に入っていた、嫁に行くなら美味しいお水の家じゃないと嫌だと。そして、のんでみたところ、美味しかったから、「よし、オラここんちに嫁に行く」と決めたというのです。

みなさん、どう思いますか？　私はこの話を聞いたときに心底感動しました。すごいなあと。そして、このばあちゃんの豊かさについての感覚、幸せについての感覚は、自分とずいぶん違うんだなあと思いました。そして、違うだけではなくて、ばあちゃんの感覚のほうがより人間らしく、豊かな感覚のように思えたんです。

「水を出す」から「お話を聴く」へ

さて、このように、畑づくりを通して木沢に通いながら、あるいは山歩きをしながら、私はいろんな村人に出会いました。ほかにも、がけっぷちみたいなところで畑をしていて、横から写真を撮ると雲の上で畑を耕しているように見える、そりゃこんな景色見ながら土をさわってたら長生きできますよねえと笑うばあちゃん。山に生えるリンドウの花を、木をつかった手製の植木鉢に入れて山小屋に並べていて、「リンドウは山から移植すると育てるのはなかなか難しいんだ、こんなふうに育てられるのはオラぐらいだ」と自慢してくれるじいちゃん。「オラの母ちゃんは産婆さんで、いま木沢にいる人の半分くらいは、うちのかあちゃんが取り上げたんだ」と誇らしげに語ってくれるばあちゃん。

夜の会議では、先ほどお話ししたような、諦め感、無力感、依存心が満ち満ちていて、閉塞した状況にあるのに、昼間に出会う村人たちはそれとは表情がまったく反対で、誇らしげだったり、たくましかったり、笑顔にあふれている。そこで私はすこしずつ、どうやら自分にできることは、水がないと言われたから水を出すことではなくて、村の人たちがこうして誇らしげに語ってくれるお話を聴くことなんじゃないかと考えはじめました。そうして、さらにいろんな村人と出会い、お話を聴いたり、そば打ちを習ったり、ごはんを食べたりということを続けたのです。

実は、木沢集落には、私の他にも大学生が通うようになっていました。畑仕事を手伝ってもらったりしていたんです。地元の大学生もいれば、同級生や後輩が大阪から、やはり夜行列車に乗って通っていました。そして、この大学生たちも、私がここでお話ししたような村人と出会い、さまざまな形で感心したり、考えさせられたりしていたんです。さきほど紹介したようなやりとりが、また大学生の数だけ木沢集落で生じていたのでした。

そのなかで、すこしずつ村の雰囲気に変化が生まれます。本当にすこしずつなんですが、ちょっとだけ先の話が出るようになったのです。「今日はこっちの山に登ったから、今度はあっちの山に登ろうか」「そば打ちをやったから、今度はそばを育てるとこからやってみるか」というように。そして、そのやりとりのなかで、これもすこしずつなのですが、「いやぁ、でも、実はこんな村でも昔に比べて人が集まる機会って減ったんだよね」とか、「木沢がまたこんなふうににぎやかな村になったらいいな」というように、こんな地域になったらいいなという木沢の未来像についての語りも出てくるようになりました。さらに、村人の語り口というのも変化してきました。最初のころは、「復興なんて役場の仕事だろ」というように、「役場が」「役場が」と語られていたことが、「自分たちで」というように語られるようになったんです。

訪れた変化

最初の会合で、「役場はいつになったらあの道を直すんだ」と言われていた道というのは、木沢集落にある二子山に通っていた遊歩道のことでした。

木沢集落は南側にひらけた山の斜面にあります。その木沢を北風から守ってくれているのが、村の北側にある二子山なのです。木沢集落の井戸水は、この二子山にしみ込んだ雪解け水がもとになっています。木沢の人にとっては大切な山で、山頂には神社もあります。遊歩道から眺める景色は本当に絶景で、美しい越後三山を見ることができます。

たくさん大学生が来てくれるのだから、ぜひあの眺めを見せてやりたい。遊歩道は地震でところどころ崩れ落ちていました。管轄としては県のものだったので、「役場はいつになったらあの道をなおすんだ」と言われていたわけですが、フレンドシップ木沢の会議のなかで、「自分たちで直したらどうか」「頂上までの半分なら、半日ぐらいでなんとかなるんじゃないか」「だいたい、オラたち、地震のときも自分たちで道を直したじゃないか」と、二子山遊歩道の自力復旧が決まったのです。

遊歩道復旧の当日の木沢衆の動きは、これまた感動モノでした。

「とりあえず、材料は現地調達だ！」と、あちこちからチェーンソーの音が聞こえます。すると、手ごろな大きさ、長さに切られた木が運ばれてきて、崩れた個所に、階段がつくられていきます。大きな地割れができた場所には、切り倒された丸太が並べられ、橋になっていました。地震後は手をつけられていませんから、あちこちで雑草が伸び放題です。それを、鎌をつかったり、草刈り機をつかったりして、どんどんなぎ倒していきます。ものの二時間くらいで、荒れた山の中に、どんどん視界が開けていって、やがて遊歩道が姿を見せはじめました。

この作業が、誰が指示をするというわけでもなく進んでいくのです。阿吽の呼吸とはこのことでしょうか。状況を見ると、すぐに自分がつぎに何をすればいいのかが、木沢の人たちには自然に見えているようなのです。

私は、自分が中越に通うきっかけになった道を直す作業のことも思い出しながら、やっぱりすごいなあ、かっこいいなあと思いました。

このように、大学生らとの交流から、ちょっとずつ先のことが語られるようになり、ちょっとずつ地域の理想像について語られるようになり、そして「役場が」から「自分たちで」と語り口が変化し、具体的な活動に主体的に取り組んでいくということが進んでいきました。やがてフレンドシップ木沢の会議では、復興の目標を議論できるようになります。のちに「冬会議」と呼ばれた、二〇〇八年一二月から翌年の三月にかけては、「短期間に集中的に議論しよう」と、毎週一回の会議を重ね、ついに「体験交流を通した定住促進と永住促進」という目標と、それを実現するための約束として「木沢復興七か条」を定めました。

「体験交流を通した定住促進と永住促進」は、自分たちはこれまで大学生のような外の人たちとの交流から元気を得られるということがわかったから、それを活動の核にしたい。外の人との交流を通して、いま木沢にいる人が安心してずっと住むことができるように、またいま木沢にいない人も木沢にやってきて木沢の暮らしを楽しめるような地域にしたいという意味です。

木沢復興七か条は、「一．木沢にしかできないことにこだわる」「二．木沢らしさを楽しむ」「三．木沢らしさを伝える」「四．みんなでやる」「五．収入を得られるようにする」「六．よその人や、何度も来てくれる人を温かい気持ちで迎える」「七．適切な情報を発信する」です。ひとつひとつの文言について、これはどういう意味か、議論を重ねてたどりついた成果でした。この復興七か条は、震災から一〇年の際にフレンドシップ木沢の呼びかけで発行した復興記念誌の冒頭に誇らしく掲げられています。

孤独じゃないこと

これらの議論の積み重ねのもと、具体的なプロジェクトとして、地震直前に廃校になっていた旧木沢小学校を改修し、宿泊施設にすることになりました。外の人との交流の拠点になりますし、その管理や、食事の提供などをすることで収入を得られるようにしようということです。二〇一〇年四月、旧木沢小学校が「朝霧の宿　やまぼうし」としてオープンしました。それ以来、多くの人たちが木沢集落を訪れ、「やまぼうし」に宿泊し、美味しい木沢のごちそうを食べながら、村人との交流を続けています。「やまぼうし」もオープンして一〇年以上たった現在、担い手も高齢化が進んでいますし、なかなか世代交代できる若手がいないのが悩みですが、なんとか活動を続けています。

「やまぼうし」の活動が軌道にのりはじめたころだったと思います。フレンドシップ木沢の会長もつとめられた星野秀雄さんが、復興基金を活用した団体にヒアリングをしていた場で、ある大学教員から「木沢は復興したと思いますか?」とたずねられ、「復興した」と答えたそうです。「その理由は?」とたずねられ、「孤独じゃないから」と答えられました。

私は木沢のように、高齢化が進むような地域での復興や、災害に限らずに「過疎」の問題を考えるときに、この「孤独ではない」と感じられることが、とても大切ではないかと思います。

さまざまな活動、議論の末に「やまぼうし」の運営にいたった木沢集落ですが、もちろん過疎はとまらず、高齢化、人口減少は地震の後もどんどん進んでいます。過疎高齢化は、木沢集落だけでなく、日本全国で進む大きなトレンドなのですから、これをとめることなんて簡単にはできないでしょう。ならばそのような地域でなにかしらの活動をするのは意味がないのか、無駄なのか。私はそうでないと思います。その答えの鍵が「孤独でない」と感じられることにあると思うのです。この「孤独でない」とは、そもそもなにを意味しているのかについては、終章であらためて考えたいと思います。

さて、木沢集落の復興について、おおよそのところをかいつまんでご紹介してきました。この一連の流れのなかで紹介したいこと、すべきことはもっとたくさんあるのですが、このあと考えたいことのためのアウトラインになるところを抜粋してお話ししました。このあと考えたいことというのは、なぜ大学生らのかかわりが木沢集落の「みんな」＝「空気」を変えるにいたったのか、逆に当初の木沢集落をよりよい地域へと変化させていきましょうという復興支援のかかわりがどうしてうまくいかなかったのかです。さあ、あらためてふりかえってみましょう。

第2章

支援がつまずくとき「めざす」かかわりと「すごす」かかわり

「Xがない」問題

では、木沢集落でおきたことをふりかえってみましょう。考えるべき問いは、どうして「水が出ない」ままであったのに、木沢集落の雰囲気が好転したのかです(1)。そして、そのきっかけが一見、とても復興支援には見えないような大学生のかかわりであったこと、木沢集落をよりよい状態にしようとした復興支援のかかわりが、むしろ状況を閉塞させてしまったのはなぜだったのか。このことを考えることで、木沢集落のような中山間地域における復興の特徴をつかむことができるだけでなく、広く現代社会でよりよい状態をめざしておこなわれる実践において重要となることを見いだすことができます。

はじめに、「水がない」と言われた状況を、すこし抽象化して、「Xがない」問題として整理しておきましょう。「Xがない」問題の第一の特徴は、「X」を入手することがとても困難だということです。木沢においても、井戸水を掘るための資金を獲得することは、個人単位ではとてもむずかしいものでした。では、第二の特徴はなんでしょうか？　みなさんも考えてみてください。

第二の特徴は、こちらがより重要なのですが、「Xがない」は連鎖するということです。仮に私が「水がない」と言われたタイミングで、すぐに水を出せるようになっていたとしたらどうなっていたでしょうか。きっと、「いや、水が出るようになっても、その田んぼをする担い手がいない」、とか、「担い手が安心して暮らせるような子どもの学校がない」「病院がない」、そんな声が続いていたように想像されます。つまり、「X_1」が手に入ったとしても、つぎは「X_2」「X_3」というように、次つぎと「Xがない」という声が連続していたのではないか。もちろん、「Xがない」の連鎖は、そもそも要求される「X」が、第一の特徴で述べたように入手するのが簡単ではないものですから、やがて行き詰まることは容易に想像できます。

　このような特徴をもつ「Xがない」問題の本質とはなにか。それは、「Xがない」状況をめぐって依存関係が存在することです。暗黙の前提として、「X」を埋めるのは自分自身ではない誰かです。さらに「Xがない」の連鎖からいえることは、本質的にこの状況を解決するために必要とされているのは「X」ではない、ということです。「Xがない」という問題の外側にある依存関係を解決しないで、表面的な「X」の入手にとりかかりはじめると、泥沼にはまってしまいます。

みなさんのまわり、あるいは関心があることがらについても、このような「Xがない」問題がありますか？　みなさんが思い浮かべた問題を頭のすみっこにおきながらこの先も読んでみてほしいと思います。

さて、「水がない」の背景には「Xがない」問題という依存関係が存在していたことをふまえたうえで、あらためて木沢集落でおきたことを思い出しましょう。木沢集落をよりよい状態にしようとした復興支援のかかわりは、むしろ状況を悪化させたのでした。一方で、大学生たちのかかわり、これはそもそも木沢集落を変化させようとしたかかわりではありません。お話を「聞いたり」、畑仕事やそば打ちを「習ったり」、ごはんを美味しい美味しいと「食べたり」、冗談を聞いて「笑ったり」といった、受け身のかかわり、受容的なかかわりです。受容的なかかわりにもかかわらず、こちらが村の状況を変化させ、反対に変化させようとした復興支援は変化させるにいたらなかった。これがなぜなのかが問われなければなりません。

ポイントは、このような外の人たちの二種類のかかわりに対して、木沢の人たちも対照的な二種類の態度をとっていたことです。外の人たちが、村をよりよい状態へと変化させようという復興支援のかかわりをすると、木沢の人たちは「水がない」「子どもがない」「未来がない」と反応し、なんとかしてくれという依存的なふるまいをしていました。先の「Xがない」問題が生起するわけです。一方で、大学生らの受容的なかかわりに対しては、「ウラシマソウがある」「キハダがある」「美味しいそばがある」とこたえ、誇りに満ちあふれていたのでした。地震直後の木沢集落では、道路の崩落で孤立してしまったにもかかわらず、村人が村内にあった重機をつかって自ら道路を復旧し、自分たちで救援物資をとりにいったので有名になったといいました。つまり、この村には自立を重んずる風土も存在するのです。

自立と依存の矛盾の起源

自立と依存、これはまったくの矛盾です。そして、不思議なのは、冬は豪雪の厳しい自然環境の中にある木沢集落において、自分たちのことは自分たちでするぞという自立の風土がはぐくまれるというのは理解できますが、依存的な態度が存在するというのはちょっと解せません。そんなことでは、とても暮らしていけない場所です。なぜ豪雪の地に、依存的な雰囲気が生まれたのでしょうか。これには、「歴史的」な理由があります。この地域がどのような事情で依存心を抱えるにいたったのか、戦後の歴史からひもといてみましょう。

戦後の日本経済は、一九五〇年に開戦した朝鮮戦争による特需などを経て回復し、一九五四年から一九五七年の「神武景気」を発端に高度経済成長を遂げていきます。これが、中越地震の被災地をふくめた日本の農村のあり方を大きく変化させることになります。皮肉にも日本社会の経済成長が人口流出の駆動力となり、過疎化がはじまったのです。つまり、農村が、発展する都市のために労働者を供給する母体になったのでした。

農村の産業構造も変化していきます。たとえば、山古志村では農業就業者数が一九六〇年には二六八九人と同じ年の就業者総数の八八パーセントであったものが、一九八〇年には八九三人と四六パーセントにまで減少しています。(2) それに応じて、第二次産業や第三次産業の就業者は一貫して増加しました。というのも、新たに登場したテレビやバイク、洗濯機や農業のための機械を買うために必要な現金支出が際限なく増えてしまい、農業だけではまかなえなくなったのです。

そこで、農家は現金収入を得るために養蚕をしたり、冬季間は都市に出稼ぎに行くようになります。出稼ぎに出ていくのはおもに男性でした。当初は青年だけであったのが、次第に世帯主も出稼ぎに出るようになります。出稼ぎに出た人びとは、経済発展の中で、どんどん豊かになっていく都市の生活をその身で経験するようになります。出稼ぎが次第に長期化し、そのまま村を離れる人も出てきました。

さらに、テレビの存在も大きかったといいます。テレビは、都市の華やかな生活を、出稼ぎに行かずとも、直接そのまま農村の茶の間にもちこみ、村人の日常生活は都市のきらびやかで

「近代的な」生活と比較されるようになります。ここで、農村の人びとの社会意識の変化がおきはじめます。

これまで、豪雪は雪国に生まれたんだから当たり前のこととして、自分たちで降り積もった雪の中に道をつくったり、屋根の上の雪をおろしたりしてきました。ところが、都市の豊かな生活を直接にも間接にも目にすることで、自分たちのおかれた状況が相対化されるようになります。すると、これまで所与のものとして、つまり、もともとそうなんだから仕方ないよねと、諦めていたさまざまなことが、あらためて見直されるようになったのです。「一年の半分が雪に閉ざされた地域で、都市と同じように競争してもそりゃうまくいかないだろう」「おれたちは割を食っているんじゃないか」という不公平感が高まっていきました。

ないものさがしの成功

このような不満を背景にして、大きな力をつけた政治家がいました。田中角栄です。実は、中越地震の被災地は、田中角栄の選挙区とすっぽり重なっているのです。田中は、すでに保守の有力者がいた都市部を避けて、山間部の辺境の村を熱心にまわり、支持を固めていきます。田中の「皆さーん、県境の三国の山々を切り崩してしまえば、日本海の季節風は太平洋側に抜けます。魚沼にも雪は降らなくなるんだ[3]」というような豪快な演説は山村の人びとを魅了しました。田中は、自らの選挙区の、とりわけ先のような事情で強い不公平感、不平等感をいだいていた山間へき地からの声を積極的に聞いて、政策に反映させていきます。

そして、ここに「陳情政治」というやり方、関係が定着していきます。「陳情政治」とは、選挙区の人びとの要望を実現する代わりにつぎの選挙では投票してねという、投票とバーターに人びとのお願いをかなえてあげるというものです。こうして田中は、陳情と引き換えに、巨大な集票田を獲得していきます。

一九六三年（昭和三八年）の「三八豪雪」の際に、当時大蔵大臣だった田中は、この大雪をはじめて「激甚災害」指定とする前例をつくります。つまり、雪が「災害」になったわけです。災害ですから、豪雪は行政からの補助金の対象となります。それ以後、市町村は国からの補助金によって豪雪による「復旧工事や道路整備、それに住民の日常生活を保護するさまざまな設備への投資」(4)をおこなえるようになりました。それまで自分たちでおこなっていた家の前の道路の除雪は、公費によって除雪車でなされるようになったのです。

すると、以前ならまだ暗いうちに起きて、仕事に行く前に一時間も二時間もかけて車を出せるように自ら除雪をしていたことが、「おーい、いつになったら除雪車が来るんだ、仕事に行けないじゃないか！」と役場にクレームの電話をかけるようになります。まさに、所与のものが所与でないものに転じ、さらに誰かにお願いするものへと変化していったのです。

田中は都市と農村を対立軸で見るのではなく、農村も都市化・工業化すべきだと考えていました。「全国に道路網を敷き、新幹線を走らせ、そして全国をまったく同質の都市空間にしてしまえばいい」[5]という独自の開発論から、地方への大規模な公共投資を続けました。この「陳情政治」のプロセスにおいて、中越の農村の人びとがなにを経験していたのかが重要です。

人びとは、政治家の先生や役場に、自分たちが都市と比べていかに不十分なのか、なにが欠けているのか、「なにがない」のかをうったえればうったえるほど村が物質的には豊かになるという成功体験をくりかえしてきたのです。そこで、自分たちを欠如でもって語るという語り口を固定化していきます。その結果、中越地方でも、村にはトンネルが通り、道路は舗装され、国道が通り、新幹線が開通して、人びとの暮らしは一変していきました。ところが、それでも過疎はとまらなかったのでした。山村に完成したトンネルを通って、人びとは都市への移動を続けました。そのような状況で迎えたのが、中越地震だったわけです。

中越地震から一〇年たったときに、しみじみ感じたことがあります。当初、中越地震の復興にかかわる人たちは私をふくめて、この地震からの復興の本質的課題は、地震の被害だけじゃないんです、過疎なんです、過疎高齢化なんですと、うったえてきました。だから地震による被害を回復するだけでは十分な復興とはいえない、同時に、地震以前から社会課題であった過疎を復興のなかでも解決しないといけないんだと。

ところが、一〇年かかわってみて、はたと気がついたのです。この地震からの復興の本質的課題は、地震による被害でも、過疎高齢化の問題でもない、地震や過疎などの問題についての人びとの心の構えなんだと。自分たちを欠如でもって見つめ、これらの問題に向きあう力はもうなにもないのだという諦め感や無力感、依存心をいだいていたこと、このことと向きあうことこそが、復興のなかでもっとも重要なテーマだったんだと。この心の構えをといなおして、はじめて地震や過疎の問題にも取り組めるようになるのではないかと。

「いやぁ、宮本さん、地震で過疎がとまったみたいだなあ」。二〇二三年の春、感染症の流行がおだやかになり、久しぶりに木沢集落を訪れたとき、ある村人が私にこう言いました。もちろん、木沢集落の人口減少、高齢化はとまっていません。やまぼうしを管理する担い手も減りました。というか、村の中で、たとえば冬季間のごみステーションの前の除雪をどうするのか、さすがにもうこの高齢の人たちでは難しいのではと、深刻な問題もあります。にもかかわらず、「過疎がとまった」とはどういう意味なのか。

人口が減って、高齢化が進んでも「とまる過疎」がある。それはやはり、心の問題としての過疎ではないかと思います。目の前にある問題をどのようにとらえるのかという意味でもそうですが、それ以上に、自分たちをどのような存在として見ているのかによって、厳しい状況にあっても「とまったなあ」と感じられ、どこかのびのびとした気持ちをもつことができるような過疎があるということだと思います。この、人が減っても「とまる過疎」の意味あいについては、第1章の「孤独でない」こととあわせて、終章で考えることにしましょう。

「めざす」かかわりと「すごす」かかわり

では、冒頭の問いに戻りましょう。水は出ないままなのに、木沢の閉塞した状況が変化したのはなぜか、そこでよりよい状態をめざす復興支援がうまくいかずに、むしろ変化を求めなかったような大学生たちの受容的なかかわりが、結果的には変化につながったのはなぜか、これが問いでした。ここで、保育や子どもの臨床コミュニケーションの研究、実践をされている肥後功一さんの、「めざす」かかわりと「すごす」かかわりという概念を紹介したいと思います。(6)

肥後さんは、今日、子どもたちにそそがれるまなざしは「何かができるかどうか」に集中しやすく、子どもがそのようなまなざしを取りこんで、「自身」をできるものと思いたい気持ちが強いために、「何ができるか」が子どもたちにとって切実な問題になりやすいのだといいます。保育の現場というのは、ひとりでこぼさずごはんを食べられるようになるとか、おトイレで用を足せるようになるというように、子どもたちが何かができない状態からできる状態へと移行していくのを支える場ですから、「何ができるか」は重要なことではあるのですが、それがきわだって焦点化しやすいのが昨今の世の中だというのです。

当たり前ですが、子どもたちはなんでもかんでも、すぐにできるようになるわけではありません。時間をかけて、試行錯誤をしながら、すこしずつ、それぞれのペースでできるようになっていく。すると、なかには、なかなかできるようになれない子どももいるでしょう。まわりのお友達はみんなできるようになったのに、自分だけできない。はやくできるようになりたいのに、なかなかうまくいかない。このとき、まわりの保育者である大人が、それでもできるようになることを強いると、時に子どもは深刻な傷つきを経験してしまいます。

できるようになることを「めざす」ことは、「充実感、達成感、緊張感」などにつながる大切な要素なのですが、「成長するに従ってめざしたようにはいかないこと、しょせんとどかないこと」が目に見えてきて、「それでも「めあて」に向かってめざす生活態度のみを求められると、次第に充実感や達成感よりも、緊張感、失敗への不安、「できない」ことや「変わらない」ことからくる無力感のほうが大きくなってくる」と、肥後さんはいいます。では、このように「めざす」ことがうまくいかなくなるときに何が大切になるのか、肥後さんは「めざす」生活態度が活かされるためには、もう一方で、「変わらなくてよい」「このままでよい」という「すごす」生活態度が形成されていることが大切なのだと指摘します。どういうことでしょうか。

まず、子どもが「できない」（依存）から「できる」（自立）に移行する間には、「一緒に〇〇する」という「共同性」の世界を想定することが臨床上有効だと肥後さんはいいます。そして、この「一緒に〇〇する」という「共同性」の世界がひらかれるためには、「効率、生産性」を重視し、「変わっていく」ことを「めざす」かかわりの軸ではなく、「ムダ、アソビ、テマヒマ、ヨユウ」を重視し、「変わらない」ことを前提とする「すごす」かかわりの軸が必要になるというのです。

　たとえば、ひとりで服を着ることができない状態から、着ることができる状態になることを考えてみましょう。ここにファスナーをつけたらひとりでもはやく着られるようになるよ、というように「効率、生産性」を重視するかかわりもあるでしょう。一方で、子どもが襟首からなかなか大きな頭を出せないでもぞもぞしているときに、こちょこちょとわきをくすぐってみたり、ようやく顔を出したときに「ばぁ！」とおどかして、笑いあったりするようなかかわりもあります。一緒にくすぐりあったり、笑いあったりすることは、ひとりで服を着られるようになることにとって、まさにムダで遊んでいるようにしか見えません。ファスナーをつけたり、襟首がすっと伸び広がるようなゴムをつけたりするほうがよっぽどよさそうですが、そうではないというのです。なぜか。よりよい状態を「めざす」かかわりが、なぜとん挫するのかを考えると、見えるようになります。

よりよいをめざす落とし穴

　なぜ「めざす」かかわりが、うまくいかないことがあるのでしょうか。その原因は、このかかわりがもつ暗黙の前提にあります。よりよい状態をめざすということは、よりよい状態である未来に対して、現在は不十分なんだという、現在の状態の否定をふくんでいます。すると、相手がなにかしらの理由で、すでに自分を無力な存在とうけとめていたら、よりよい状態をめざすことは、相手の無力感のほうを強めるようにはたらいてしまうわけです。子ども自身もはやくできるようになりたいのになれないと悩んでいるときに、まわりの大人がそれでもできるようになることを強いると、子どもが深刻な傷つきを経験するのは、子どもの無力感が強められることで、そもそもの自分の存在自体が否定されたかのように感じることからくるのです。

このようなときに、重要なのが「すごす」かかわりです。これは、「めざす」かかわりとは正反対に、「変わらなくてよい」ことを前提として、「ムダ、アソビ、テマヒマ、ヨユウ」を大切にしながら、「一緒に〇〇する」という共同性の世界をひらきます。「すごす」かかわりがひらく、この共同性の世界とはなんでしょうか。それは、「変わらなくてよい」、あなたはあなたのままで「かけがえのない」存在だということを認めあう世界です。襟首からのぞいた顔をおどかして笑いあうときに、そこに意味なんてありません。なんだかあたたかい気持ちがあるだけです。このような世界にひたり、互いの存在を無根拠に肯定しあうことで、自分を無力な存在としてうけとめ、否定してしまうのではなく、もういちどよりよい状態を「めざす」足がかりをつくることが可能になるのです。

このように考えると、木沢集落において、よりよい状態をめざす復興支援のかかわりが、諦め感や、無力感、依存心を引き出し、むしろ状況をより閉塞させてしまった理由が見えてきます。よりよい状態をめざす復興支援のかかわりが、状況をより閉塞させたのは、このかかわりの暗黙の前提、よりよい状態としての未来に照らしあわせて現在をまだ不十分なものとして否定する「現在の否定」が、木沢集落の人びとが抱えていた無力感を強めるようにはたらいてしまったからです。

この無力感は、もちろん、過疎高齢化が進み、もう自分たちではどうしようもないのではないかと追い詰められた状況から生まれたものでしょう。しかし、それをさらに深掘りすると、先に紹介した長い戦後の陳情政治のなかで、くりかえし自らを都市との対比の中で欠如でもってまなざし、「○○がない」と「Xがない」ことをうったえることで、村を物理的には豊かなものとする成功体験を積み重ねてきた経緯があります。自分たちの地域のことを考えようというモードになると、かつての陳情政治の時代のコミュニケーションのスイッチが入ってしまうのです。

では、なぜ大学生らの受容的なかかわりが、結果的には変化をもたらしたのでしょうか。大学生らのかかわりが、肥後さんのいう、まさに「すごす」かかわりであったからではないかと思います。

大学生らも、なにせ「震央の村」で、まだ地震の爪痕の残る山の村に通うわけですから、当初の私がそうであったように、復興支援を考えなかったわけではありません。でも、幸一さんのような村人との出会いを通して、かかわりが変化していきます。大阪や長岡からやってきた大学生らにとっては、山の暮らしはとても珍しく、面白いものでした。大学生らが、率直に、すごいなあ、おもしろいなあ、美味しいなあと感嘆している、その反応を通して、木沢の人たちも自分たちの暮らしの豊かさをもういちど見いだすことになります。それが、陳情政治や、支援のかかわりにおいて、否定されてきた自らの存在をもういちど肯定することにつながった。大学生らとの交流による「現在の肯定」によって、自らの存在が回復され、もういちどよりよい状態をめざすかかわりをすることができる足がかりとなったのではないか。それが、やがて復興の目標を具体的に議論できる状況になるまでにいたったのではないでしょうか。

みなさんも、よりよい状態をめざすことがかえって現状を悪化させてしまうこと、心当たりはないですか？　学校に通うことがしんどくなったときに、それでも学校に行けるようにはたらきかけられたり。あるいは、治療することがそもそも難しいような状況にいたったときに、それでもリハビリを求められたり。みなさん自身やあるいは知りあいの人について、ちょっと思いをめぐらしてみてください。

「ないものねだり」から「あるものさがし」へ

さて、ここで、「現在の肯定」ということばに注意が必要です。これは、問題ぶくみの現実に対して、もう仕方ないじゃないかと「現状肯定」することではありません。ここで肯定されている「現在」というのが、なにをふくむものなのかを考えておくことが必要です。ここで、熊本県の水俣から「地元学」という運動を立ちあげた吉本哲郎さんの、「ないものねだり」と「あるものさがし」ということばが参考になります。(7)

水俣は、水俣病によって深刻な被害を被った地域です。(8) 水俣病の被害は健康被害だけでなく、原因企業であるチッソとの関係などによって、家族や地域コミュニティが分断されたことが深刻でした。有機水銀による中毒症状に、「水俣」という地域の名前がつけられたことで、たとえば水俣出身であるということだけでいわれのない差別をうけたりもしました。

このような状況から、水俣は地域再生にむけて取り組みをはじめます。一九九〇年に有機水銀に汚染された海底の土壌をとりのぞいて埋め立てる作業が完了します。そして、水俣の未来を考えようという動きが、時を同じくして行政からも市民からも生まれ、環境を大切にすることをテーマとした地域再生が模索されるようになります。この市民協働の取り組みをリードしたのが、一九九四年に水俣市長になった吉井正澄さんでした。

吉井さんは、行政の立場ではじめて水俣病の犠牲者に公式に謝罪をしました。一九九四年五月一日の水俣病犠牲者慰霊式の式辞の中で、吉井さんは苦しんできた犠牲者への謝罪とともに、「もやい直し」ということばを用いて、水俣に住む人びとの分断されたつながりをもういちどむすびあわせること、そして水俣病によって失われた環境の再生を誓います。

このような地域再生の過程のなかで生まれたのが地元学です。水俣には水俣病関連でたくさんの研究者がやってきて、たくさんのことを調べていったけれど、それでなにがわかったのか、誰も教えてくれなかった。そうか、調査というのは、調べた人しかわからないんだ、それなら自分たちの地域のことは自分たちで調べてみよう。こうして、地域の人たちが自分たちの地域、暮らしのことを調べ、地元に学ぶ、地元学が誕生します。たとえば、日々の生活でつかっている水がどこからやってきて、どこに行くのかを調べるだけでも、先人たちの知恵に満ちた見事な循環が見えたりします。

この地元学のなかで、水俣病によって自分たちの地域を価値あるものとして見ることが難しかった地域の人びとの感覚が変容していきます。この変化を、吉本さんは「ないものねだり」から「あるものさがし」へと表現します。「あるものさがし」というのがポイントだと思います。

長くその地域に暮らしている人には、自分たちの暮らしは当たり前のものになりすぎていて、あらためて考えてみるということがありません。すると、どうしても木沢集落と同様、都市との対比のなかで、なにがないか、という点に目が行きがちです。ところが、都市にあるようなものをすべてそろえようというのは身の丈にもあいませんから、「ないものねだり」になる。

そこで地元学をはじめる。実は、地元学でも、先の木沢集落における大学生のように、よそからやってきた人たちと一緒に、あらためて地域のことを調べるということをするのです。よそからやってきた人たちの役割は簡単です。たくさん質問をすることです。「それはいつ食べますか」「いつから食べていますか」「どうやってつくりますか」というように。この素朴な質問にこたえるなかで、地域の人とよそからやってきた人が一緒に「あるものさがし」をして、地域のなかに埋もれて気づかれないでいた価値を一緒に見いだしていくのです。

現在の肯定

つまり、先の「現在の肯定」というのは、ある時点において、当事者にはまだ気づかれていない、いや当事者だからこそ気づいていなかった、しかしすでにそこに存在するものもふくめて肯定しようということなのです。それに気づくことが、何がないかというまなざしのなかで傷つけられてきた自らの存在を回復し、あらためて自らや地域のことを考えていくことにつながるのです。

「ないものねだり」ではなく、「あるものさがし」という視点の転換の背景には、吉本さんと、ある水俣病患者の女性との出会いがありました。杉本栄子さんという方です。杉本さんは、このようにおっしゃいました。水俣病をめぐってさまざまな差別がある。けれど、杉本さんはご自身の父親の戒めから、いじめた人にいじめかえすということをしませんでした。そして、「人様は変えられないから、自分が変わる」とし、自分の生活のなかでできることをはじめられたのです。「自分たちのことは自分たちでやるために足もとにあるものを調べて役立てる、地元に学ぶ地元学、自治する地元学があったのです」と吉本さんは言います。

私は、吉本さんと杉本さんの出会いを、恐れ多くはあるのですが、自分と幸一さんの出会いに重ねてしまいます。私が、「水がないんですよね」と語りかけたときに、幸一さんは最初からすべてをお見通しで、ウラシマソウの写真を見せたんじゃないかと思うのです。どうしておれの土地にやってきて、あろうことか「なにがないか」ばっかり探してるんだ。なにが問題かばっか気にして右往左往してるんだ。もっと、ここに「あるもの」をまずは知りなさいと。

深刻な差別、分断があるなかで、人様は変わらないんだから自分が変わろうという視点の転換をされた杉本さん。なにがないかばかりに目を凝らしていた私に、まずはあるものを見てみろと、やはり視点の転換を促してくれた幸一さん。このような視点の転換の理論的な意味については次章でとりあげるとして、ここでは、視点の転換は杉本さんや幸一さんのような人びととの出会いから教えられることが多いのではないかとだけ申しあげたいと思います。

本当に驚くべきことなのですが、なにかしらの暮らしが続けられ、文化が育ってきたような地域には、必ずといっていいほど、人生の達人といいますか、すべてをお見通しなんだけれどそれを表に出さず淡々と生きている、という方がいます。芥川龍之介の杜子春ではないですが、大切なことをそっと教えてくれる仙人のような人がいるのです。みなさんのなかにも、「そういえば自分にとってはあの人が……」と思い当たる方がいらっしゃるのではないでしょうか。そんな人は思い浮かばないけれど、会えるものなら会ってみたいなと思った方は、ぜひどこかしらの地域での実践に足を運んでみてください。

右肩下がりの時代のアクションリサーチ

最後に、ここまでの考察を、これからのアクションリサーチのあり方にまで広げて考えてみたいと思います。アクションリサーチとは、研究者と当事者がよりよい状態をめざしておこなう実践的な研究のことでしたね。「研究って言われても、自分は研究者ではないし」と思われる方もおられるかもしれませんが、ここで考えたいことは、研究に限らず広くなにか「よりよい状態をめざしておこなわれること」に通底することなんです。だから、研究をするわけではないのだけれどという方は、ここでの「アクションリサーチ」ということばを「よりよい状態をめざしておこなわれること」とおきかえて読んでいただければと思います。

さて、木沢集落で、よりよい状態をめざす復興支援がうまくいかなかったのは、そもそもよりよい状態としての未来を描くことがとても困難だったからです。すると、よりよい状態を「めざす」かかわりが暗黙の前提としている、「現在」の否定が、木沢の人たちの無力感を強めるようにはたらいてしまい、支援をすればするほど事態が閉塞してしまったのでした。

この「よりよい状態としての未来を描くことが困難」な状況というのは、なにも木沢集落に限ったことではありません。木沢集落のような過疎高齢化、人口減少に苦しむ地域は日本中にたくさんあります。いや、そもそも日本社会自体がすでに右肩下がりの時代にあります。つまり、これからの日本社会でおこなわれるアクションリサーチにおいては、多かれ少なかれ、木沢集落でおきたような、アクションリサーチの前提中の前提、よりよい状態の実現をめざすということ自体がアクションリサーチを困難にするということがおきるのではないでしょうか。

このように考えると、これまでの右肩上がりの時代におこなわれてきたアクションリサーチと、これからの右肩下がりの時代のアクションリサーチでは考えるべき力点が移動してくる可能性はないでしょうか。

右肩上がりの時代であれば、問題を見いだしてその解決をめざすことが、そのままアクションリサーチとなるかもしれません。このようなアクションリサーチは、問題解決型アプローチといえましょう。このプロセスは、事態が変化する前と後で想定されている問題に変化がないので、連続的といえます。

しかし、右肩下がりの時代には、逆説的なのですが、問題を解決しようとすればするほど解決が困難になるという負のスパイラルが存在しえます。このときには、まずはその問題からすこし距離をとって、問題解決をしようとしたことによって無力感を抱えて弱体化してしまった、問題に向きあう主体の側を回復しないといけません。ここに効いてくるのが「すごす」かかわりです。

すると、木沢集落の例のように、本当の問題って、地震や過疎というより、それらに対する心の構えだったんじゃないかとか、地元学のように、人様は変えられないから自分が変わろう、というように、当初考えられていた問題設定のあり方が変化することになります。事態が変化する前と後で問題が変わるわけですから、このプロセスは非連続的です。途中でそもそものものの見方が変わるわけです。このようなアクションリサーチは、問題を解決する、というよりも、まずは問題に向きあう主体の側に着目するという意味で、主体回復型アプローチといえます。

非連続だなんていうと、なんだか難しそうですが、ここには希望もあります。問題解決型であれば、その解決手法について経験や専門知を積み重ねることがある程度可能でしょう。となると、ある種の限られた専門家しか、解決にあたることができないかもしれません。つまり、なにかを知っていることがポイントです。しかし、主体回復型であればどうでしょう。木沢集落においても、地元学においても、ポイントは当事者が当たり前だと思っていることを知らないということでした。知らないということであれば、そこにはたくさんの人がかかわることができます。

右肩下がりの時代のアクションリサーチは、はっきりいって、積極的に明るい未来を描けない時代のアクションリサーチですから、なかなか困難な現場が多いことは事実でしょう。ただし、そこにかかわるための間口はかなり開かれています。この間口をどうやって開くかということ自体も、つまり、これまでであれば、そのような現場にあまりかかわってこなかった人、あるいは、そのような現場でまさか力になるとは思われてこなかった人が参加できるようにするために、どのような工夫がありうるかも、右肩下がりの時代のアクションリサーチの対象となりうるでしょう。

さて、木沢集落でおきたことを、中越地震の被災地の歴史的な背景と、そもそもよりよい状態をめざすということがもっている落とし穴から考察してきました。では、このプロセスを、序章で紹介した「みんな」＝「空気」を道具に読み解くとどうなるでしょうか。次章では、木沢集落のプロセスを理論的にとらえる枠組みについて紹介し、「みんな」＝「空気」のダイナミックスを考えたいと思います。

第3章

地域が自ら変わるには？

内発的であるということ

内発的に変化するとは

木沢集落の復興は誰かに押しつけられたわけではなく、木沢集落の人びと自身によって進んでいきました。ただし、そこに外の人間のかかわりが一切なかったのかというと、そうでもなくて、第2章で紹介したような大学生たちの受容的なかかわりがありました。当事者が潜在的にもっているなにかしらが開花していくという内発的なプロセスには、当事者と外の人間との間になんともいえない相互作用があるはずなんです。

内発的なプロセスにおいて、当事者と外の人間はどのような関係をもつのでしょうか。ここでは、第1章の木沢集落の復興プロセスを理論的に整理することを通してあきらかにしてみましょう。理論的といっても、一瞬だけ、すこしややこしく見えるかもしれませんが、どんどんわかりやすくなって、最後には、なんだそういうことかと納得いただけるかと思うので、おつきあいくださいね。

そのための補助線として、柳田國男の『遠野物語拾遺』に採録されている、ある説話についての解釈を紹介したいと思います。「やれ裸の王さまだ、説話だ、まどろっこしいなあ、早く本題に入ってくれよ」なんて思われるかもしれませんが、まあそこはおゆるしを。というのも、現実というのは、現実そのものをながめているよりも、なにか物語や説話のようなものをメタファーとして間にはさんだほうが、かえってその特徴が見えてくるところがあるんです。では、『遠野物語拾遺』の説話とはどのようなものか。それは、つぎのようなお話です(1)。

土淵村栃内の久保の観音は馬頭観音である。その像を近所の子供らが持ち出して、前坂で投げ転ばしたり、また橇《そり》にして乗ったりして遊んでいたのを、別当殿が出て行って咎めると、すぐにその晩から別当殿が病んだ。巫女に聞いてみたところが、せっかく観音様が子供らと面白く遊んでいたのを、お節介をしたのがお気にさわったというので、詫び言をしてやっと病気がよくなった。この話をしたのは村の新田鶴松という爺で、その時の子どもの中の一人である。

つまりは、こういう話です。土淵村栃内の久保という地域の観音さまは馬頭観音なのだと。馬頭観音とは、頭の上に馬のお顔がある観音さまです。それを、子どもが、あろうことか引っ張り出してきて、坂の上から投げて転がしたり、上にまたがって橇にして遊んでいたので、別当が「崇高な観音さまを敬わないあるまじき行為」として叱ったんですね。別当とは、お寺の主人のことです。すると、なぜか別当のほうが、その晩から病に倒れてしまった。巫女に聞いてみたら、実は「観音さまも子どもたちと楽しく遊んでいた」のに、お前がじゃまをしたのが気に食わないんだと。つまり、当初の別当の見解は、事実に反していたわけです。そこで、別当は観音さまにお詫びをしたところ、病が癒えた。その話をしたのは、新田鶴松というおじいさんで、そのときの子どものひとりである。

「なんじゃそら、そんな話が木沢の話とどう関係あるの？」と思われるかもしれませんが、ご安心を。この話から、木沢のみならず、裸の王さままで読み解けますから。

別当の病の正体

ポイントは、この説話の最大の謎にあります。それは、「別当はなぜ病に倒れたのか」「別当の病の正体とは何か」ですね。なぜ別当は病に倒れたのでしょうか？

ありうる説明として、別当の病をそのまま「観音さまの祟り」とする見方もあるでしょう。けれど、すべての物事が「祟り」なり神さまの「思し召し」の結果だというのは論理ではなく信仰の世界です。もちろんそのような世界観もあるでしょうが、ここではそうではなく、もうすこし論理的に別当の病を説明してみましょう。それはどういうことか。実は、別当も「本当は観音さまも子どもたちと楽しく遊びたいはずだ」とすでに知っていたのではないか、と考えてみるのです。

ここでふたつのキーワードを導入しましょう。「言語の水準」と「身体の水準」です。

言語の水準とは、さしあたってなんらかの事実について言語化されるレベルのことです。土淵村栃内の久保という共同体での観音さまについていうと、「崇高な観音さまを粗末にあつかってはいけない」という見方ですね。言語の水準のほうは、このようにシンプルに位置づけられるのですが、身体の水準のほうがすこし厄介です。

身体の水準とはなにか。これは、ある時点では気づかれておらず言語化できないのですが、言語の水準に反するような出来事に遭遇したときにはじめて気づき、その後は言語化が可能になる水準です。別当の病の正体とは、別当も身体の水準では「本当は観音さまも子どもたちと楽しく遊びたいはずだ」と知っていたにもかかわらず、言語の水準では「観音さまを粗末にしてはいけない」と言語化していたこと、つまり身体の水準ですでに知っていることを言語の水準が否定したことによる反作用として、別当の病はあらわれているのではないかということです。

身体の水準

「言語」に対して、なぜ「身体」という用語をもちいるのか。これは、元の大澤真幸氏の論考が「身体」をもちいているからというのが直接の理由ですが、それに加えて、「身体」ということばであらわすことで直感的に理解していただけるような例もあるように思うからです。

たとえば、みなさんはこんなことを経験したことはないですか？　原因不明の熱が続いたり、なぜか肌が荒れたりする。病院に行っても、原因がわからなかったのだけれど、なにかしらの生活環境や仕事のこと、家族のことなどに変化があったときに、いつの間にか症状が消えてなくなってしまった。そして、あとから「ああ、自分はなんとも思っていなかったけれど、実はけっこうストレスを感じていたのかなあ」と気づく。「ことば」を中心とした意識が統御しきれていないようなものがあることを、身体的な症状として知るというようなことはないでしょうか。

別当のように極端ではないにせよ、自分が理解していること、感じていると意識していることの外側にあるようなものに対して、「身体」を通して出会うことは、多かれ少なかれあるのではないかと思います。これが、元の論考でつかわれた「身体」という用語をそのままもちいた理由です。

さて、このような身体の水準を、もうすこし厳密に定義しておきましょう。身体の水準はある時点では言語化されていない、けれど存在している水準です。この身体の水準の存在の仕方は独特です。それはふたつの性質によって特徴づけられます。身体の水準は、言語の水準に反するような事態に遭遇することで、回顧的に言語化が可能になるのですが、その言語化の形式は「観音さまも子どもたちと遊びたいはずだとは想定していなかった」というような語尾をとります。つまり、身体の水準は「否定性」と「事後性」をもつのです。あとから否定形でしか確認できないのだけれど、でもたしかに言語の水準と一緒に潜在的には存在しているのです。

「おいおい、一瞬だけすこしややこしいかもって、だいぶややこしいじゃないか」と思われた方、もうちょっとおつきあいを。このあと具体例をあげていくと、だんだん見通しが立ってきますから。内発的なプロセスのなんともいえない相互作用をあきらかにするには、ひとまずこれぐらいの補助線が必要なんです。

ふたつの他者の出会い

さてさて、ここからがポイントで、別当における言語／身体の水準という構造が、実はそっくりそのまま写像されるように、別当の生きている久保という共同体にも存在していることが重要です。

まず、別当の言語の水準はどうか。別当の言語の水準は「観音さまを粗末にしてはいけない」です。このように、「観音像をなれなれしくあつかったり、粗末にしてはならない」という、観音さまをめぐって禁止が成り立つような関係が、この共同体においても存在しています。それを代表するのは、別当自身ですね。

それに対して、「子どもたちが楽しければ相手の観音さまも楽しいはずだ」という快楽の相互反射ともいうべき関係もあります。これが、別当の身体の水準に相当するものですね。この関係を代表するのは子どもです。このふたつの関係は、共同体の中では、前者のほうが支配的です。実際の説話でも、子どもたちは別当に叱られて、どうも遊ぶのをやめていますね。最後に登場する巫女は、前者が支配的なんだけれど、本当は後者が社会構造を規定していることを知っている存在です。ではこれらを表にまとめてみましょう。すると、このようになります。

もういちどふりかえると、別当の病は、本当は「観音さまも子どもたちと遊びたいはず」と

	別当の 内的な世界	土淵村栃内の久保という 共同体
言語の水準	「観音さまを粗末にあつかってはいけない」	別当 （を代表とする久保の人びと）
身体の水準	「観音さまも子どもと遊びたいはずだ」	子ども

知っていたにもかかわらず、言語の水準で否定していたことが原因でした。病が癒えたのは、身体の水準ですでに知っていたことを言語化できたからです。

言語化できるようになったきっかけは（最後は巫女の手を借りましたが）、子どもとの出会いですね。この表において、子どもとはどのような存在でしょうか。共同体の一員ではあるのですが、しかし共同体にとって支配的なものの見方の外にいる存在として見ると、「外部性」「他者性」を帯びた存在です。

では、別当の内的な世界における身体の水準とはなにか。これは、別当自身もある時点では気づいていないような、自分自身が見ている「もうひとつの世界」ですね。これは、別当自身の中に存在する「外部性」「他者性」といっていいでしょう。

つまり、この別当の病と回復のストーリーにおいて、ふたつの「外部者」「他者」が出会っていることがわかります。ひとつは文字通りの他者としての子ども、もうひとつは別当自身の中にひそむ、もうひとりの別当ともいうべき他者です。

木沢集落の「空気」が変わった理由

さて、ここまでの読み解きを、中越地震からの復興バージョンにして考えてみましょう。こんがらがってきたぞという人は、ここから話はぐっとわかりやすくなってきますから安心してください（このあと、裸の王さまも登場して、もっとわかりやすくなります）。私が通っていた木沢集落の復興プロセスです。ここでも、木沢集落の人びとにとって、木沢集落についてのふたつの見方があります。

ひとつは、自然との闘いのなかで、自ら豊かさを見いだし、その存在そのものが自分にとって生きる喜びそのものだというような木沢集落です。もうひとつは、過疎化や災害復興という問題の俎上にのせられ、無数の欠如を抱えていて、誰かの支援がなければ生きていくのが困難な木沢集落です。

木沢の人たちも、自分たちの村が自分の豊かさにとってかけがえのない大切な存在であることを知らなかったわけではありません。けれど、それをいざ表現しようとなると、うちの村にはなにもない、誰かなんとかしてくれという語り口しかなかった。このギャップが閉塞感（別当の病にあたるものです）の正体ではなかったかと。身体の水準では村の豊かさを知りながら、言語の水準では「〇〇がない」としか言えない袋小路にあることが、地震後の木沢集落の閉塞感

	木沢集落住民の内的な世界	木沢集落という共同体
言語の水準	「水がない」（無数の欠如を帯びた陳情の対象としての木沢集落）	木沢集落住民
身体の水準	生きる喜びそのものとしての木沢集落	大学生

を生んでいたのではないか。そして、この「Xがない」という語り口をつくったのは、高度経済成長期以降の行政へのお願いによって村が便利になっていくという長い陳情の歴史です。

このように「〇〇がない」と言われる木沢集落で、私をふくめた大学生らは、畑をともに耕しながら、村人のたくましさや山の豊かさに感嘆の声をあげていました。この大学生らのかかわりが、一見復興支援とはなんの関係もないように見えながらも、事態を好転させました。これは、このように考えられるでしょう。大学生らとの交流が、村人の身体の水準にとどまっていた生きる喜びそのものとしての木沢集落のあり方を、言語化可能なものへと顕在化させたのだと。これらを先の遠野物語の説話にならって表に整理すると上のようになります。

木沢の人びとにとって、自分たちの暮らしや村のことを「なにもない」村として語ることはきわめて当たり前だったわけです。ところが、大学生にとっては当たり前ではない。村人がなにも珍しいものとは思っていない、山菜や野菜、お漬け物に感動してもりもり食べました。あるいは、女の子が生まれたら桐の木を植える生活、困ったことがあったらなんでも自分で直してしまうような技。木沢の人にとってはすべて当たり前で、とりたてて注目するものでなかったものに、大学生たちは魅せられました。そのような大学生たちの反応を見て、村人が自分たちがすでに手にしていたものの価値に気づき、それを言語化できるようになったこと、「ないものねだり」から「あるものさがし」に変わったこと、それが木沢の閉塞感を解消したのではないでしょうか。

ここで、言語／身体の水準をめぐる表があらわしている意味を確認しておきましょう。まずは上半分。どうして、木沢集落の人びとは自分たちの村を「○○がない」と言語化していたのか。それは、木沢集落の「みんな」がそう言語化しているからですね。そうです、上半分は、序章で見てきた「みんな」＝「空気」のはたらきをあらわしているのです。それに対して、右半分はどうか。これは、ある共同体における「空気」につつまれている人と、その「空気」の外にいる人の関係をあらわしています。そして、左半分は、当事者のなかで共同体の「空気」に支配される部分と支配されきらない領域があるということを意味しています。では、下半分の関係は？　これは、もう少しあとであらためて考えてみましょう。

内発的なプロセス

この表をより一般化するために、裸の王さまにも適用して説明してみたいと思います。もう

	A王国住民の 内的な世界	A王国という 共同体
言語の水準		
身体の水準		

言わずもがな、みなさんにも空欄があれば埋めてもらえるんじゃないかと思います。まずは、ちょっとご自身で考えてみてください。

どうでしょう、王国を仮にA王国とすると。次ページのような感じになるんじゃないでしょうか。

A王国では、「王さまは本当は裸だ」ということをすべての登場人物がすでに知っています。にもかかわらず、言語の水準では「王さまは美しい着物を着ている」と語りふるまっていました。なぜか。それは「王さまをふくめたA王国住民」の間に存在する「みんな」がそう言語化しているからですね。

本当は王さまは裸だと知っているのに、「美しい着物を着ている」と言わなければならないところに、あの国でもなにかしらのフラストレーションがあったはずです。なぜなら、パレードの場での、「王さまは裸だ」という子どものたった一声で、「裸だ、裸だ」という声がこだましたというのですから。「王さ

	A王国住民の内的な世界	A王国という共同体
言語の水準	「王さまは美しい着物を着ている」	王さまをふくめたA王国住民
身体の水準	「王さまは本当は裸だ」	子ども

まは美しい着物を着ている」かのようにふるまえという「空気」と、人びとが本当は見ている事実の乖離が、その「空気」を当たり前のものとしない子どもの一声によって解消されたわけですね。

さて、この表を一般化してみましょう。

まず、当事者の内的な世界において、さしあたって言語化される「AはBだ」という言明があります。これに対し、「AはBだ」と言語化したとたん、原理的には無限の「AはBだ」以外の選択肢が、つまり「AはCだ」「AはDだ」……という言語化の可能性が抑圧されることになります。この可能性が、当事者における身体の水準です。

当事者が「AはBだ」と言語化するのは、そのように言語化する共同体に所属しているから、つまりそのように言語化せよ、ふるまえとメッセージを発する同じ「みんな」の中にいるから、「空気」につつまれているからです。これが共同体における言語の水準。

それに対して、当然、そのような「空気」はローカルなもの

	当事者の 内的な世界	当事者の属する 共同体
言語の水準	「AはBだ」	「AはBだ」の 「空気」につつまれた 当事者コミュニティ
身体の水準	「AはCだ」 「AはDだ」 ……	「AはBだ」の 「空気」の外にいる他者

ですから、それを当たり前としない他者（この他者は別の「空気」につつまれているわけですが）が存在します。言語／身体の水準をめぐる表はひとまずこのように一般化することができます。

閉塞感はなぜ生じるのか

ここで非常に重要なことは、なにかしらの閉塞感なり、課題が生じているときに、この表のなかでなにがおこっているのかです。

身体の水準が存在するのは、あることがらについて言語化することが、同時に他の言語化の可能性を抑圧しているからでした。ということは、原理的に、「言語の水準」と「身体の水準」は、つねに「逆接」の関係にあるはずだということです。「逆接」というのは、「順接」が「AだからB」という関係なのに対し、「AだがB」になる関係ですね。つまり、つねに「言語の水準」と「身体の水準」はずれている、乖離があるわけです。ということは、それぞれの水準の中身が異なるから、問題がお

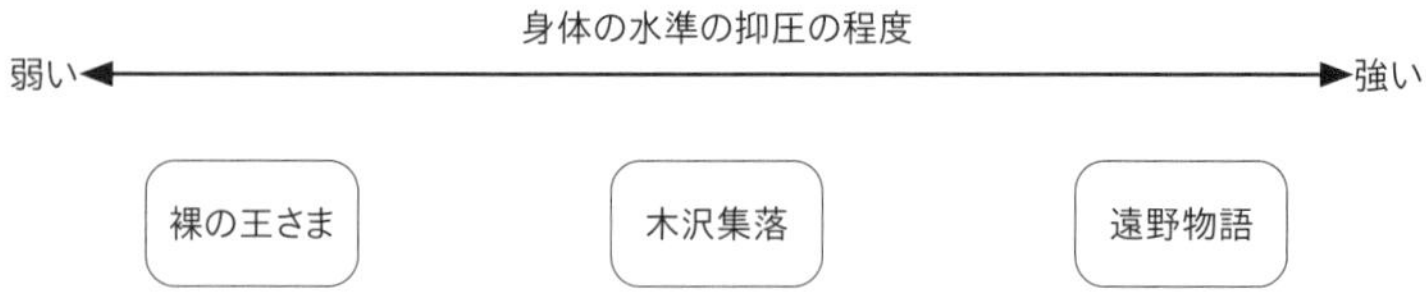

きているわけではないということです。

ならば、どのようなときに、当事者にとってなにかしらの問題が生じるのでしょうか。

それは、「AはBだ」と言語化したときに、他の「AはCだ」「AはDだ」といった言語化の可能性を十分に抑圧できていないときです。つまり当事者の内的な世界における言語の水準と身体の水準の境界があいまいに、不安定になっているときに、閉塞感や課題が生じていると考えられるのです。ここまでしつこく説明してきた、三つの事例は、身体の水準の抑圧の程度について、図のような関係があります。

遠野物語においては、いちどは子どもたちも別当の言うことを聞いたところからわかるように、観音さまを敬えという空気はそれなりに力をもっています。逆に言うと、観音さまも遊びたいかも、という見方はそれなりに抑圧されているわけです。

それに対して、木沢集落の事例では、復興の会議が「○○がない」の一点張りで前に進まなくなってしまったように、自分たちを欠如でもってみる見方というのはそれなりに強いものがありますが、とはいえ大学生らとの交流の場面では異なる言語化がされていたわけですから、遠野物語に比べると、身体の水準を抑圧する力というのはずいぶん弱くなっているとわかります。

さらに、裸の王さまでは、子どものたった一声で、人びとの言語の水準は一変してしまったわけですから、身体の水準を抑圧する力はもう瀕死の状態だったということですね。

身体の水準が十分に抑圧されていないとき、世界は不安定なものとなり、それが社会的な閉塞感としてあらわれたり、身体的な病をもたらしたりします。このとき、それを解決する方法は、身体の水準に抑圧されている他なる言語化の可能性を顕在化させることです。そのためには表の右下にいる、共同体にとっての他者の助けが重要です。なぜなら、この他者は、共同体の「みんな」が当たり前のように言語化していることを、当たり前としない存在だからですね。

この、他者の視点を借りて、他なる言語化の可能性を模索する。このとき、うまくいけば、当事者の世界と整合する他なる言語化が可能となり、世界のあり方が大きく変化することになります。この共同体にとっての他者との交流は、木沢集落の例のように、他者が外からやってくることもあるでしょうし、逆に、当事者が自らの生活世界から抜け出して、別の「空気」が支配的であるような共同体に出かけてみる、というのもあるでしょう。

私もそもそも集団である

さて、この章のテーマは、木沢集落でおきたことを理論的に整理することで、内発的なプロセスとはどのようなものかを検討することでした。内発的なプロセスにおいて、当事者と外の人間はどのような関係をもつのかが、いまやあきらかではないでしょうか。

当事者と外の人間の出会いは、表の下半分の場所でおきています。しばしば、コミュニティや組織を変えるには「よそ者」の存在が重要だといわれます。内発的であることにとって、たしかに「よそ者」の存在は重要です。けれど、それは二通りの意味での「よそ者」だという理解が重要です。ひとつは、文字通りの他者としての「よそ者」、ある共同体にとっての他者、表の右下の存在です。もうひとつは、自分自身の中にひそんでいる、いまだ自分が気づいていないもうひとりの自分としての他者、表の左下の存在ですね。

この当事者にとっての他者と、当事者における他者が出会うことによっておこるプロセスというのが、内発的なプロセスではないでしょうか。前者によるはたらきかけだけで、後者が反応しないなら、それはただの「外発的」で、強いられたものになります。それに対して、後者だけで変化しようというのもできなくはないのでしょうが、それは厳しい修行を経て悟りにいたるような、なかなかハードルが高いプロセスになるでしょう。

みなさんはなにか重要な気づきを得るとき、本当はそのことについて、気づく前には知らなかったはずなのに、気づいたあとには、ずっと前から自分はそのように考えてきたんだ、本当はそのように見てきたんだ、って感覚をもつことはないですか。これが、まさに内発的な変化を遂げているサインですね。「腑に落ちる」という表現もあります。腑は臓腑の腑、まさに

「身体」の水準に届いた感じをさす表現ではないでしょうか。すべての良質な学び、成熟には、この内発的なプロセスがはたらいています。

そして、このダイナミックスを駆動しているのは他者です。それはひとりで生きるのではない、集団的存在としての人間の性質に由来するのみならず、そもそもひとりひとりの人間も集団的であるがゆえに存在する他者のおかげなのです。そう考えると、グループ・ダイナミックスのグループというのも二重の意味があるということになりますね。物理的な意味での他者が集まったという意味と、そもそも、ひとりの人間の中にもある時点では気づかれていないもうひとりの私が存在する、その意味で、私もそもそも集団的なんだ、という意味です。

アクションリサーチにおける研究者の役割

最後に、このような内発的なプロセスにかかわるアクションリサーチにおいて、研究者の役割がどのようなものなのかを考えたいと思います。遠野物語の説話に戻りましょう。別当の病を癒したのは誰か。巫女ですね。巫女は、別当の病について、観音さまも本当は子どもたちと遊びたかったのが原因だと分析し、詫び言を通じて別当の病を癒します。とすると、アクションリサーチにおける研究者の役割とは、この巫女のようにふるまうことなのでしょうか。

たしかに、巫女はこの章で整理した内発的なプロセスをめぐる表がこの世に存在することを知っていて、さらにふつうの人びとにはある時点では言語化できない身体の水準についてさえお見通しで、問題を解決してくれます。アクションリサーチャーも、さまざまな学術的な知見に通じ、また多様な社会現象のあり方について理解を深めることで、複眼的な目線をもち、人びとがさしあたって言語化する言語の水準だけでなく、問題の根っことなる身体の水準を見通す力を身につける。そのことでもって、内発的なプロセスが進むお手伝いを現場でおこなう……う〜ん、そうでしょうか。

自分自身をふりかえってみます。木沢集落ですごしていたころ、私はまさか身体の水準を見通す力なんてもっていなくて、「水がない」ということばに、一緒になって翻弄されていました。けれど、同時に、木沢集落の豊かさ、木沢に生きる人たちの魅力を、一緒に山を歩いたり、ごはんを食べたりしながら、経験したりもしていました。そのことが結果的には、村の雰囲気の変化につながったのでした。とすると、私は、遠野物語でいうと巫女ではなくて、観音像を投げたり橇にして遊んでいた子どもです。さらにいうと、木沢集落でおきたことをこうしてことばにして報告しているわけですから、この話をしてくれた当時の子どものひとりだという翁、新田鶴松が木沢のバージョンでいう私ではないかと思います。

アクションリサーチにおいて研究者は、まずは現場に身を投じて、現場の人たちとなにごとかに取り組みます。現場の人の言語の水準に耳を傾けながら、一方で、現場における当たり前を知らない他者として、時に別当にたしなめられた子どものように怒られたりもします。そのなかで、現場の雰囲気が変化してくるきっかけをつかんだり、見いだすことができるかもしれません。それを教えてくれる巫女があらわれるかもしれません。

そう、私は遠野物語における巫女というのは、やはりあの説話においても巫女は共同体の中に存在していたのと同じように、アクションリサーチにおいても現場の共同体の中にいるように思います。先の章で「仙人」と書いたような人ですね。木沢集落では、私にとっての星野幸一さんです。現場の「巫女」のたすけを借りて、変化のきっかけを見いだせれば、あとは現場の人と一緒に、その変化がよいものになるように進んでいくだけです。

それでなにがしかの閉塞感が幸いにも解消されたとしましょう。そこで終われば、アクションリサーチならぬ、シンプルなアクションです。アクションがアクションリサーチになるためには、そこでおきたことをことばでもって整理し、伝えることが必要でしょう。実際に、あの説話だって、新田鶴松で終わっているわけではありません。それを佐々木喜善が聞き、それを柳田國男に語って聞かせた。柳田がそれを書籍として出版する。それを吉本隆明が分析し、さらにそれを見田宗介が講義でとりあげ、感銘を受けた大澤真幸があらためて論文にする。そのバトンがまた私にまわってきて、この章のような論考にいたっていく。このようにことばでもって記述をすることで、あるローカルな現場でおきた現象を、広い言説空間へと解き放つまでがアクションリサーチャーの仕事でしょう。けれど、その根っこは、まずは身を投じたかつての子どもである新田鶴松の位置にあると、私は思います。

第4章

集団を変化させるには?
みんなの前でことばにする

凡庸な調査結果?

次ページのグラフは、木沢集落で二〇一三年に実施した調査結果の一部です。[1] 質問は、「あなたは木沢集落の自然の豊かさにどの程度満足していますか」で、一〇点満点で答えるというものでした。まずは、この調査結果からどのようなことがわかるでしょうか? 考えてみてください。

どうでしょうか? この調査結果からわかることは、この調査に回答した木沢集落の人びと

は、自然の豊かさに大変満足しているということですね。なにせ、平均が八・六点です。というか、一〇点満点で答えてとお願いして、満点をつけた人が半分近くの二二名ですから、まあ、大満足だといえるでしょう。ちなみに、人によっては、「五点をつけた人がひとりいるけど、どういうことだろう？」と思われるかもしれません。この方は、「村の人のなかには、山にごみを捨てる人もいる。すばらしい自然を守っていくためにおこないをあらためないといけない」という意見で五点をつけたそうです。

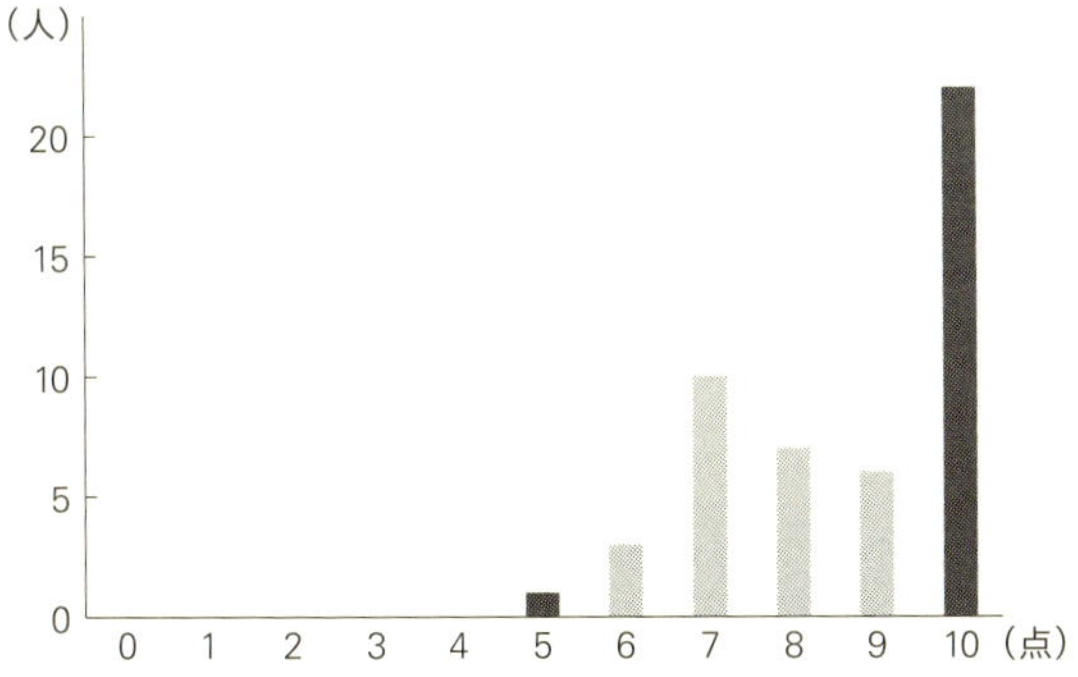

木沢集落の自然の豊かさに対する満足度
平均8.6点、満足度得点別の人数、49名回答、2013年3月

さて、木沢の人びとに木沢の自然の豊かさに満足しているかたずねたところ、大変満足していたことがわかった、これがこの調査結果なんですが、正直なところどう思われますか？　この結果、なにか面白い事実を見いだしているでしょうか？　なにか意外な事実がふくまれていますか？

もういちど木沢集落がどんなところだったか思い出してください。木沢集落は、標高約三〇〇メートルの山の中にあるのでした。冬は豪雪ですが、春になると雪解け水がちょろちょろと村のあちこちで音を立てて流れていきます。そんな木沢集落に生きる人たちが、木沢の自然の豊かさに大変満足していることがわかったと。これ、はっきりいって、わざわざ聞かなくてもわかることですよね？　そりゃ、満足してるでしょう、あなたと。きっとこの調査結果について、木沢の人たちも、このような結果が出ることを予想したはずです。いや、もっと言えば、木沢にかかわってきた私たちの側も、まあこういう結果が出るだろうなとわかっていたはずです。つまり、この調査結果は、聞かなくてもわかるような当たり前の、きわめて凡庸な結果です。

裸の王さまの教訓

すぐれた調査とはどのような調査でしょうか？　これは、もう一歩踏み込むと、そもそもよい研究とはなにか、研究はどのような性質によって評価されるのか、という問いにつながりますね。研究に求められるものとは何でしょうか？

いろんな表現があるでしょうが、一言でいうなら、新しさではないでしょうか。まだ、誰も明らかにしていなかったことを明らかにする。新規性ですね。学術論文には必ず何年何月何日に受理されたかが明記されています。権威ある国際的な学術雑誌のなかには、日付だけでなく、

時間まで載せているものもあります。一分一秒でも誰かより早くそれを明らかにしたことが評価されるわけです。もちろん、ただ新しいだけではなくて、それがこれまでの学術的な蓄積や社会的要請にどのように応えるかも重要ですが、まずは前提として、それが新しい発見でなくてはいけません。

このような研究の大前提にたつと、冒頭の調査結果はやはりなんの価値もなさそうです。しかし、アクションリサーチにおいては、このような調査も意味をもちうることがあるんです。ただ、「知りたい」を志向するのではなく「変えたい」を志向するアクションリサーチにおいては、誰もが知っていたようなことをあらためて調査することに意義がある場合があるのです。

この章では、アクションリサーチにおける調査について、あらためて考えてみたいと思います。なぜ当たり前の結果に意味があるのでしょうか。ここで、序章で紹介した「裸の王さま」に戻ってみましょう。実は、「裸の王さま」には非常に重要な教訓があるのですが、それをまだご紹介せずにいたのです。

「裸の王さま」において、決定的に重要なのは、人びとは王さまが裸であるということを決して知らなかったわけではないことです。むしろ、十分によく知っていた。しかし、王さまは美しい着物を着ているかのようにふるまっていた。なぜなら、王さまが裸であることを「みんな」＝「空気」はまだ知らなかったからですね。そこで、「みんな」に王さまが裸であることを教えてあげた。それが、パレードの場で、「みんな」の前で、「王さまは裸だ」と言語化した子どもでした。

ここから導かれることは何か？　それは、**「なにかしらの事実について、それぞれが個別に知っているということと、それを「みんな」の前で言語化することとの間には決定的な違いがある」**ということです。

「王さまは裸である」とふるまえるようになるためには、それを個別に知っているだけではだめなのです。「みんな」がそれを知っていなければならない。「みんな」の前で言語化する、「みんな」に教えてあげることで、はじめて「王さまは裸である」とふるまうことができるようになる。これが「裸の王さま」から得られる、アクションリサーチにとって死活的に重要な教訓です。とてもシンプルでありながら、このことを前提とするとアクションリサーチそのものの見え方も変わってくるはずです。

みんなの前でことばにする

では、この教訓をもとに冒頭の調査の意義を考えてみましょう。木沢集落の人びとも、木沢の人が自然の豊かさに満足しているだろうということを知らないわけではない、なんとなく知っている。しかし、それをあらためてたずね、その結果を「みんな」で共有すると、どうでしょう。「ああ、やっぱりみんな木沢の自然は豊かだと思っているんだ」「木沢の自然ってたしか

	当事者の内的な世界	当事者の属する共同体
言語の水準	「AはBだ」	「AはBだ」の「空気」につつまれた当事者コミュニティ
身体の水準	「AはCだ」 「AはDだ」 ……	「AはBだ」の「空気」の外にいる他者

にいいよね」と確認することができるはずです。そのことが、木沢集落をどのように見るのか、「Xがない」欠如でもって見るのか、「Xがある」視点で見るのかにかかわるはずです。

そうなんです、すでに知られているような事実を調べることに意義があるといっても、ただ調べるだけではありません。「みんな」の前で共有しなければなりません。ここであらためて、内発的なプロセスを説明した表に戻ってみましょう。

この表においてなにかしらの問題が生じているときに、なにがおこっていたのか思い出しましょう。当事者の内的な世界における言語の水準と身体の水準が矛盾しているから問題が生じているわけではなかったですね。両者は定義上、つねに矛盾しています。問題がおきているときというのは、当事者の内的な世界における言語の水準（「AはBだ」）が、他の言語化の可能性としての身体の水準（「AはCだ」「AはDだ」……）を十分に抑圧できていないときでした。

このとき、第3章で紹介した解決方法は、他なる言語化の可能性、つまり抑圧されていた身体の水準を言語の水準へと引き上げ、言語化できるようにすることでした。このことによって、言語の水準を入れ替えてしまうんですね。なぜ当事者が言語の水準において、そのように言語化しているかというと、その当事者が属する共同体において「みんな」がそのように言語化しているからです。つまり、第3章で紹介した解決方法は、身体の水準を言語の水準へと引き上げることによって、共同体の「みんな」＝「空気」を入れ替えてしまうという、非常にドラスティックなやり方です。表においては、縦に伸びる左半分にはたらきかける方法ですね。

　これに対して、もうお気づきの方もいらっしゃるかもしれないのですが、身体の水準を十分に抑圧できていないときの解決方法は、言語の水準の更新だけではありません。なぜ身体の水準が十分に抑圧できていないのか。それは、言語の水準としての「みんな」＝「空気」のはたらきが弱いからでした。「みんな」＝「空気」は、表でいうと横に伸びる上半分です。これが、いわばふくらんだ風船のようになって、他なる言語化の可能性が、身体の水準から浮上してこないようにがんばっているわけです。これが、弱くなって、身体の水準を十分に抑圧できていないのなら、もういちど、「空気」を強くすることによって、つまり身体の水準の抑圧を強化することで、解決する方法もあるはずです。「風船」にもういちど、空気を入れてふくらませてやればいい。

共有方法もアクションリサーチ

木沢集落では、本当は木沢集落が自分たちが生きていく喜びを与えてくれるものだということを、木沢の人も身体の水準では知っていながらも、それを「Xがない」としか言語化できないところに、閉塞感の正体があったのでした。そこに、「Xがない」を当たり前のものとしない大学生たちがやってきて、身体の水準に抑圧されていた「Xがある」という語り口を顕在化させたのでした。

とはいえ、「Xがない」という語り口というのは、高度経済成長以降の何十年とかけて、くりかえされてきたものです。いくら、それを当たり前のものとしない存在がいたとしても、そう簡単に変わるものではありません。実際、大学生らとの交流を通しての変化というのも、すこしずつすこしずつ進んでいました。仮に、「Xがある」という見方が支配的になってきたとしても、高齢化で苦しい課題はたくさんあるのですから、やっぱり「Xがない」の視点に戻ってしまって、自分たちにはどうしようもない問題なんだと無力感を抱えるにいたる可能性もあるでしょう。

そこで、冒頭の調査の意義が出てくるわけです。「みんな」の前で、あらためて「Xがある」ことを共有する、そのことで、「Xがある」の「空気」を強め、ふたたび言語の水準へと浮上しそうな「Xがない」という見方を、身体の水準へと抑圧するのです。このように木沢の例を見てみると、アクションリサーチでは、すでによく知られている事実であってもあらためて調べてみることに意義があることがわかります。そのために重要なのは、それを「みんな」の前で共有することでした。となると、アクションリサーチでは、調査結果をどのように共有するのか、調査結果だけでなく、共有する方法も非常に重要になってくることがわかると思います。

冒頭の調査結果は、木沢の全世帯に報告会があることをお知らせし、フレンドシップ木沢もふくめ村で大事な会議があるときは、いつも集まって話しあっている地域の集会場で共有しました。これがもし、集会場ではなく、行政からの市政だよりなんかと一緒に個別に配布してもらっていたとしたらどうでしょうか？　きっと、集会場でおこなったときより、「みんな」＝「空気」を強めることはなかったのではないでしょうか。あるいは、村の集会場ではなく、山の下の、町の公民館だったり、体育館でだったらどうか。そこに、木沢の人だけでなく、同じ川口町内の別の集落の人が参加していたとしたらどうだったか。おそらく、それぞれの方法ごとに、共有がもたらす効果は異なっていたはずです。

このように、アクションリサーチでは、「知られた事実」だけでなく、それをどのように共有するかがとても重要です。調査結果を調査対象者にきちんと返すことは、研究倫理の文脈で語られることがありますが、アクションリサーチにおいては、共有すること自体がアクションリサーチの大切な一部です。アクションリサーチでは、現場の状況や、知られた事実に応じて、木沢の例のようにみんなが集まっている場で共有するのか、それともあえて個別に配布するのか、あるいは一部のグループに集まってもらって共有するのがよいかが吟味される必要があります。

当事者による復興評価

さて、ここからは「みんな」の前でことばにするための、具体的な取り組みやツールについてご紹介したいと思います。まずは、冒頭で紹介したような調査に関連するものとして、当事者がおこなう復興の評価についてお話ししましょう。

復興の評価というと、復興に関係する事業の評価だったり、災害前の状態にどれぐらい戻ったのかを量的・質的に評価するというのが通例です。いずれも、なにかしらの指標が被災地の外からもちこまれて、行政なり専門家が評価をおこなうものです。それに対して、木沢集落のある川口町で中越地震から一〇年のタイミングでおこなわれた調査は、質問肢をつくるのも分析するのも住民自身という当事者がおこなう復興評価でした。

やり方はこうです。まず川口町のNPOが事務局となり、復興評価に関心がある人を有志で募りました。集まった人びとが、グループに分かれ、どのようなことを調べてみたいか自由に話しあいます。そして、調べたいことから、似ているものを集めて、テーマごとに整理していきます。「消防団のこと、みんなはどう思っているんだろうか」「川口の子どもって、集まって遊べる場所がなくてかわいそうだと思う」のように、暮らしにとても身近な意見がたくさん出てきました。全部質問にするのは大変なので、集まった質問たちを表にし、「これはぜひ聞いてみたい」というものにシールを貼って、優先順位をつけます。こうして調査票が完成しました。

回答してもらった結果を分析するのも、調査を作成した住民自身です。調査結果を貼りだして、それぞれ自由に考えたことをコメントしていきます。「悩みを相談できる人がいるかどうかは年代別にみてみたらどうなるんだろう」というような意見をもとにして、年代別、性別などの結果も分析しました。これらの結果をまとめ、中越地震から一〇年を迎えた二〇一四年一〇月、川口町民のみなさんに呼びかけて報告会をおこないました。「みんな」の前で共有したわけですね。

調査結果はさまざまで、予想されていたものもあれば、意外な結果もありました。たとえば、先ほどの子どものことを心配していたお母さんたちは「川口の子どもは集まるところがなくてかわいそう」と思っていたのですが、調査をしてみるとそんなことはなくて、子どもたちは集まるところもあるし（コンビニの前がWi-Fiも飛んでいて実に快適とのことでした）、悩みを相談する友達もいるし、とにかく大変幸せにすごしていることがわかりました。

一方で、調査でわかったのは、子どもではなく、はたらき盛りの世代の、特に男性が悩みを相談することができない状態にあるということでした。そこで、これはいけないと、調査にかかわった住民有志で、男性が集まれる場をつくろうと企画が立ち上がりました。そこに集まった人びとが、のちに川口で音楽イベントを開くにいたりました。

当事者でおこなう復興評価の特徴や意義を考えてみましょう。

まず特筆すべきは、質問肢を考えたり、分析したりする集まりがとても盛り上がったということです。集まりは夜七時からおこなわれました。いつもは、こうした夜の会議は七時にはじまり、九時までには必ず終わるというのが暗黙のセオリーで、それを過ぎると、どんなに大切なことがらに話題が移っていても「おいおい今夜はそろそろ」となるのですが、この集まりは九時を過ぎても意見がおさまらず「もう一〇時になりますけど……」なんてことも珍しくなかったのです。自分で知りたいことをたずねてみて、その結果があがるわけですから、調査自体や調査結果が自分ごとになるのです。

すると、どのようなことがおきるのか。先の例のように、調査から見えた課題への対処についても、自分たちでなにかできないだろうかと、行動につながります。このように、当事者でおこなう復興評価は、評価が評価で終わらずに、その結果をもとにした活動が展開しやすいという点に特徴、意義があります。

さらに、調査から見えるのは、課題だけではありません。地域のことをどのように考えているのか、地域の魅力、価値をあらためて確認する機会にもなります。それを「みんな」の前で確認することで、「川口っていいよね」という感覚を確かめることになる。冒頭の木沢でおこなった調査と同様の意義もふくまれます。

復興の評価というと、「復興とはなにか」「なにをもって復興したと評価するのか」という難しい議論になりがちで、それはそれで重要なことだと思うのですが、誰が評価するのかに問いを置き換えてみると、面白い動きが出てくる、というのが当事者がおこなう復興評価の魅力だと思います。さらに、このような当事者評価がもつエッセンスは、復興だけに限られるものではありません。平時の地域や組織でも同じような取り組みが可能でしょう。

地域でつくる災害記録集

つぎに、木沢集落でも取り組まれた地域単位でつくる災害記録集を紹介しましょう。災害がおきると、さまざまな形で記録集がつくられます。行政だったり、消防だったり、学校、個人などさまざまな主体が記録集をつくるのですが、中越地震でつくられた記録集にはこれまでの災害にはあまりなかった特徴がありました。それは、地域単位（集落単位）で記録集がつくられたことです。中越地震ではおおよそ六〇の集落が被災したといわれているのですが、そのうち少なくとも一〇の集落で記録集がつくられたのです。

なぜこれほど多くの地域で記録集がつくられたのか。実は、中越地震の復興においては、さまざまな形で集落間の交流がおこなわれました。また、復興に取り組む地域や団体が集まって情報交換をする「地域復興交流会議」という集まりも何度も開催されました。そのような交流のなかで、他の村でつくっている記録集を見た人びとが「これはいいぞ、うちでもつくろう」と地域単位の記録集がつくられていったのです。

　この地域単位の災害記録集にはさまざまな意義がありました。第一に、記録集をまとめる作業が、地域の人びとが集まるきっかけになったことです。これらの記録集の多くは、被災した人たちが仮設住宅から元の地域へと戻るころ、生活再建が落ち着いてきたころにつくられました。実は、中越地震の復興では、さまざまな事情で村を離れて生活再建をする人がいました。記録集がつくられたタイミングは、同じ村に住んでいた人びとがバラバラになってしまうというとき、あるいはすでにバラバラになってしまったときだったのです。ですから、記録集をつくるという作業が、離れ離れになる人たちが集まることができるきっかけになったのです。

「集まるきっかけになった」というのは、些末なことに聞こえるかもしれませんが、けっこう大事なことなんです。元の地域に残る人と離れる人の関係は、けっこうセンシティブで、ともすると疎遠なものになってしまうことがあります。それぞれの選択には、互いに事情があるのですが、物理的に離れ離れになることで、心理的にも離れてしまうことが少なくありません。のちに離れ離れになることがわかっている関係で、「地域単位」で集まるというのは、けっこう難しいことなんです。けれど、同じ災害を経験した者どうしということであれば、集まることができます。

記録集の内容も興味深いものでした。もちろん地震の被害や、その後の取り組みも紹介されているのですが、それだけではなく、住民ひとりひとりの手記が添えられました。手記には、地震で大変だったことだけではなく、村のみんなへの感謝の気持ちや、自分がどのような気持ちでこれから村で生きていこうと思っているのかなどがつづられました。たとえば、「生まれ育った土地というだけでなく、私は木沢にそれ以上の気持ちをいだいています」「木沢の住民として将来を見すえながら、みなさんとともに地域の活動に参加していきたいと考えている」のように。

よくよく考えると、この記録集というのは、完成すればまずは地域住民に配布されるだろうということがわかっているものです。と考えると、これらの住民の手記は、村のみんなに読んでもらう「手紙」のような役割を果たしていたことがわかります。ふつう記録集というと、被災した人たちが、被災地の外の人たちにむけて自分たちの経験を教訓として、今後の備えに役立ててほしい、という思いでつくられるものが多いと思うのですが、中越でつくられた地域単位の記録集は、どちらかというと地域の内部にむけられていたのです。

こうして、記録集は、離れ離れになる住民をふくめて、人びとをつなぐ媒体となりました。印象深かったのは、記録集のなかには、住民全員の家族写真を並べたものがあったことです。この地域は、村がひとつの家族のようなんだなあとあらためて思いました。実際、記録集で一番好評だったのは、この全員の写真が紹介されていたことでした。

当事者がつくる防災教育教材

さて、当事者による復興の評価も、地域単位でつくる記録集も、さまざまな意義があるのですが、そもそもことばにすること自体が難しい状況もあります。そのような状況で有効なツールをふたつ紹介しましょう。ひとつは、当事者がつくる防災教育教材「クロスロード」、もうひとつは「三・一一からの独り言」です。

「クロスロード」はもっとも有名な防災教育教材のひとつでしょう。(2) もともとは、阪神・淡路大震災の災害対応にかかわった自治体職員へのインタビューがはじまりです。インタビューのなかで、自治体職員の方は、災害対応のなかで非常に困難な選択を迫られていたことを語りました。

たとえば、多くの人が住宅を失ったなかで、大量の仮設住宅をできるだけ早く建設しなければならない。しかし、都市部ですから、活用できる土地は限られています。そこで、学校の運動場が候補となる。都市部では貴重なまとまった土地です。しかし、運動場に仮設住宅を建ててしまうと、しばらくの間、子どもたちがのびのびと外で体を動かすことができなくなります。でも、一刻も早く住宅を建てなければならない。そのように悩みながら、結局、運動場に仮設住宅を建設することにしたのだけれど、やはり子どもたちが運動場をつかえなくて、のちに問題となった。自分の選択はあれでよかったのだろうか。

このような語りが少なくなかったというのです。そこで、このような悩ましいジレンマ状況をゲームとしてプレイしながら学ぶ教材として開発されたのが「クロスロード」です。

「クロスロード」はカードゲームです。設問カードには、最初に「あなたは食料担当の職員です[3]」のように、プレイする立場が提示されます。そして、「被災から数時間。避難所には三〇〇〇人が避難しているとの確かな情報が得られた。食料は二〇〇〇食。以降の見通しは、いまのところなし。」というように、ある状況が説明され、「まず二〇〇〇食を配る？」と質問が示されます。これに対して、参加者は「イエス」か「ノー」のカードを一斉に提示し、自分がなぜ「イエス」を選んだのか、「ノー」を選んだのかを話しあう、これが「クロスロード」の基本的な流れです。まずは、この設問、あなたならどちらを選びますか？　それはなぜですか？

ポイントは、「クロスロード」の設問はとても短いので、提示されている情報だけではわからない事情がふくまれていることです。たとえば、二〇〇〇人分の食料といっても、日持ちのするものなのか、それともウニ丼なのかで判断は異なるでしょう。仮にそれがおにぎりで、鍋

もあるなら、おかゆにして配ることもできるかもしれません。どのような季節なのか、三〇〇〇人がどのような人たちなのか、といったことも重要です。

参加者は「イエス」か「ノー」かを判断する際に、設問の文章だけではわからないような文脈にさまざまに思いをめぐらします。それを共有することで、なるほど、文脈によっては答えは「イエス」だし、「ノー」になることもあるなあと、その問題の多様性を学ぶのです。「正解」はないけれど、文脈によってはこれがこたえだよねという「成解（なるかい／せいかい）」はあるよね、という言い方もされます。(4)

このように、元の「クロスロード」は、当事者のインタビュー結果をもとに、研究者が設問を作成し、それを被災体験のない人たちがプレイするというものでしたが、これを当事者自らが作成してプレイもしようという試みがあります。「クロスロード：大洗編」というもので、李旉昕《ふしん》さんが取り組んだものです。(5)

茨城県大洗町は、東日本大震災のあとの福島第一原子力発電所の事故の影響で、放射能汚染による実被害と風評被害の両方に悩まされました。放射能汚染によるリスクをどのように見積もるのかについては、個人によって考え方の違いがあり、そこに暮らしている当事者どうしだからこそ、意見を述べるのがなかなか難しいことがあります。そんな大洗町で、李さんは住民のみなさんにクロスロードの設問をつくってもらい、それを住民どうしでプレイしてもらうということをしました。これが「クロスロード：大洗編」です。

たとえば、ある漁師の方は、立派なスズキが獲れたのに出荷制限のために売れないことを嘆く記事を写真つきでSNSにアップしたところ、同僚の漁師から風評被害を助長するからやめたほうがいいのではないかと言われて悩んだことを設問にしました。SNSに投稿して情報発信をするのか否かという設問です。作成された「クロスロード」を漁師仲間たちと一緒にプレイしました。すると、ゲームという形式に仮託して話すことができるので、さまざまな意見を交わすことができました。また、一通りみんなで話したあとに、作成した漁師の方が抱えていた悩みがよくわかったという声もあり、作成された方もどこか気分が楽になったような表情をされていました。

当事者が作成する「クロスロード」は、正解がないという「クロスロード」の形式をうまく利用することで、当事者どうしが話しにくいことがらを話すことを可能にし、さらに互いの悩みを共有することで、気分を楽にすることができたり、対処策を一緒に考えることができるようになるという強みがあります。

震災体験を独り言にする

最後に、「三・一一からの独り言」を紹介しましょう。(6) これも、「クロスロード：大洗編」と同じく、東日本大震災の被災地で生まれた手法です。

東日本大震災の被災地では、震災から一〇年を迎えようというタイミングで、被災体験を伝えるためのさまざまな伝承の取り組みが進みました。ところが、そうした取り組みにうまく参加することができないという声も聞かれるようになったのです。

被災した人たちの間では、同じ地域であっても、家族を失った人、家を失った人、いずれも失わなかった人と、それぞれ被災体験に違いがあります。すると、自分は家を流されたけれど、家族は無事だったので、家族を失った人に自分の経験を話すことなんてできない、というように、そもそも被災した人たちどうしで自分の体験を話すということがとても難しい状況があったのです。自分なんかが経験を話してもよいのだろうかというためらいをもつ人もいました。

さらに、先の放射能汚染もふくめて、東日本大震災の復興過程では、たとえば防潮堤をめぐって、あるいは集団移転をめぐってなど、意見が分かれるようなことがらがありました。すると、いまさらあのときのことをふりかえって、またあの対立を蒸し返すのかという不安もあって、当時のことをことばにすることがやはり難しいという事情もありました。

このようななかで、なんとか当事者が震災のことをふりかえる方法を見いだせないかとはじめた研究会から生まれたのが「三・一一からの独り言」です。

この手法を考案したのは、研究会のメンバーだった宮城県名取市閖上地区の宇佐美久夫さんです。宇佐美さんは、まず当時のことを驚くほど忘れてしまっていたことに気がついたと言います。そこで、ひとつひとつ思い出しながらことばで記録することをはじめます。そのとき、長い文章だと誰も読んでくれないからと、なんとなく五・七・五になるような短いことばにまとめました。それを「久夫の独り言」と名づけたのです。

研究会で、「独り言」の取り組みを紹介してもらい、他の人たちも「独り言」をつくって共有するということを続けました。すると、このとてもシンプルな手法に非常に大きな可能性があることが見えてきたのです。

実際に宇佐美さんがつくられた「独り言」を紹介しましょう。「間仕切り出来たけど、安否確認、手間増えた」「集会所、だけでは、同じ顔」「炊き出しに、並ぶ、ご近所さん」「「頑張って」って、何を、頑張るの」「「俺の海」って、どんな海」。

「間仕切り出来たけど」というのは、避難所に導入された間仕切りのことです。これでプライバシーが確保されたのだけど、お互いがどのようにすごしているかがわからなくなって、安否確認の手間は増えてしまったと。「独り言」は、このように震災後の出来事からなにかしらの教訓のようなものを導くものもあれば、「「俺の海」って、どんな海」のように、断片的な気持ちをあらわしているものもあり、さまざまです。

宇佐美さんは、「独り言」をつくるコツとして、「五・七・五にとらわれない」「人に聞かせてやろうではなくて、まずは自分自身に向けて」「作品づくりではない、きれいでなくていい、思うがままでいい」と言います。

「独り言」をつくるのは、当時東北で被災した人だけではなくて、支援者としてかかわった人もつくります。たとえば、研究会のメンバーである石塚直樹さんは、「一つの正解、求められても、持ってません」「正義の刃、当たらないよう、距離をとり」という「独り言」をつくりました。最初は、石塚さんや私も、「独り言」をつくるのには抵抗があったのですが、宇佐美さんの「誰が被災者で被災者でないかなどない、あれほどの大きな出来事、みんなにとっての震災の経験があるのだから、みんながことばにしたらいいんだ」ということばに背中を押されました。

では、あなたも、ふたつ、三つ、「独り言」をつくってみてください。

「独り言」の特徴や意義を考えてみましょう。まず、とても短いのでつくるのも読むのも容易だということがあります。また、短いことばなので、断定せずに余地を残して表現することができ、意見が分かれることがらもことばにしやすい利点があります。さらに、意見が分かれることがらも、長々と話されると腹が立ってくるけれど、短いと「ああ、この人も大変だったんだな」と納得することができると言います。

短いので、教訓や物語になる一歩手前の断片的な出来事や、一瞬の感情をことばにすることもできます。たとえば、地震後はじめて、砂浜に素足でおりたときの足の裏の感覚などです。このような断片が共有されることで、短い表現なのですが、かえってその人の人となりを深く理解することができます。教訓や物語というのは、多かれすくなかれ定型的なものです。そこに回収される手前のことというのは、より経験のかけがえのなさを残しているから、短文なのにかえってその人の人となりにせまることができるのかもしれません。

また、短く余地があるということは、そのぶん豊かに想像することができたり、聞き手によってさまざまな解釈が可能だということです。つくり手が思っていたことと、いい意味でギャップがあるような感想がかえってくることがあります。たとえば、被災地出身なのだけど、震災の当時は東京ですごしていたので、寂しい思いをして部屋の天井をながめていたことを「東京の、部屋で、一人考える、福島のこと」とあらわした女性に対して、当時被災地にいた人から、「離れていても被災地のことを考えてくれてたんだね」という反応がありました。

あるいは、誰かの「独り言」を聞いて、そこから連想して「独り言」が続いていくこともあります。たとえば、私が作成した「避難所で、おにぎり地獄、うめかおかかか」という「独り言」に、「おにぎりばかりというのも大変だったけど、パンが続いて大変だったのもあるぞ」と、「避難所で、菓子パン地獄、砂糖か小麦粉か」という「独り言」がつくられたことがありました。このように、「独り言」はひとりでことばにしてみるだけでも意味があるのですが、さらにそれを誰かと共有することで深めることができます。

最後に、これがもっとも重要なことだと考えているのですが、「独り言」をつくることで、「負い目」を成仏させることができます。震災において、被災者であれ支援者であれ人びとはさまざまな「負い目」を抱えているのだということが、これまでの取り組みで見えてきました。「自分は家族は無事だったから」「直後に県外に避難したからその後のことはよくわからなくて」「自分にもっとできることがあったのではないか」というような「負い目」です。「独り言」は、それらをことばにすることで、さらにそれを同じような「負い目」を抱えている人びとを前に「みんな」で共有することで、「負い目」が消え去るわけではないのですが、すこしだけその重みを軽くしてくれるのです。

このように、「独り言」はとてもシンプルな手法ではあるのですが、奥深い世界をもっています。

すでに知っていることでも話すとアクションリサーチになる

この章では、「みんな」の前でことばにすることの意義を確認したうえで、それを可能にする取り組み、ツールを紹介してきました。お伝えしたかったことは、「ことばにする」「みんなで話しあいをする」、それだけでアクションへといたるということです。

研究対象と研究主体の間に一線を引き、人間が知ろうが知るまいが変わらない普遍的な事実をあきらかにしようとする自然科学に対して、人間が人間自身を知ろうとする人間科学においては、「知る」ことが多かれ少なかれなにかしらの変化を及ぼします。すべての人間科学は、多かれ少なかれアクションリサーチなのです。[7] この性質を、研究対象を理解する際の「限界」ととらえるのではなく、「知る」「ことばにする」「共有する」ことのもつ豊かな「可能性」ととらえることが大切だと思います。

序章でご紹介したレヴィンの実験も、「みんな」で話しあうという実に単純なことがアクションリサーチの要になっていました。「知っていることを話すだけでアクションリサーチになる」のですから、「思っていたよりもアクションリサーチというのはハードルが低いのかもしれないなあ」と思ってくださる方がいればうれしいです。

第5章 見なかったことにしないとすれば？ 集合的否認と両論併記

災間の時代

東日本大震災のときのことをご記憶の方は思い出してみてください。まだ物心がついていなかったとか、生まれていなかったという人は、想像してみてください。あのとき、大地震のあとに巨大津波が被災地をおそい、さらに原子力発電所の事故が続きました。この先どうなるだろうと思いましたか？　この出来事がすこしずつ収束していくと思いましたか？　それとも、大きな災害がまたくりかえしおそってくるのではないかと予感しましたか？

まだ物心がついていなかった、生まれていなかったという人は、身近な人に当時がどのような「空気」だったか、たずねてみてください。当時を覚えている方は、どうでしょうか。大きな災害がまたおそってくるかもしれないと思った方が多いのではないでしょうか。さて、仮にその予感が現実になってしまうのなら、震災後の時代のことを、後世の人たちは、「災後」ではなく、大きな災害と災害の間、「災間《さいかん》」と呼ぶでしょう。

なじみのないことばだと思います。これは東日本大震災のあとに、社会学者の仁平典宏さんが提唱された概念です。(1)ここで、仁平さんは、災厄がくりかえしおそってくることを前提とするのなら、災害でもっとも困難な状況におかれるのは、平時から困難な状況にある人たち、ならばこの平時から困難な状況にある人たちを支えるという視点から、社会のあり方を根本的にあらためていくべきではないか。このような考えを「災間」ということばにこめて論じられたのです。

この章と終章では、災間をキーワードに、これからの日本社会がどのような社会になるのか、それが災害復興をふくめた社会問題にどのような影響を与えるのかを、やはり「みんな」＝「空気」に着目して論じてみたいと思います。

「災後」ではなく「災間」は、二〇二〇年前後からはじまった新型コロナウイルスによる感染症（COVID-19）の流行についてもいえます。流行がはじまってすぐに盛んに論じられたのは、「ポスト・コロナ」の社会はどうなるかという話題でした。はじまったばかりなのに、「コロナ後」の社会に世間の関心は移動していたのです。しかし、これもよくよく考えておいたほうがいいでしょう。そもそも、新型コロナウイルスが災いをもたらしたのは、SARS、MARS、COVID-19と、すでに今世紀に入って三度目でした。と、考えると、正確には「ポスト・コロナ」ではなく「インター・コロナ」「コロナ間」の社会と呼ぶのが正しかったのではないでしょうか。

つまり、感染症がいちどきりで収束していくというよりも、感染症がくりかえしおそってくることを前提として社会のあり方を根本的に考える必要があるといえるのです。「ポスト・コロナ」ではなく、「インター・コロナ」であることは客観的には自明です。しかし、それを「ポスト」と呼んだのは、今後も感染症の流行が続いていくだろうということを直視することができず、これを機に社会が大きく（ポジティブに）変わるかもしれないという生半可な期待だけが存在した、その証拠であるような気がします。

さて、災害がくりかえしおきること、新型コロナウイルスの流行が今世紀に入ってくりかえしおきていること、それぞれに関連することばとして「人新世」があります[2]。

これは、地質年代に関する議論です。地質年代とは、地球の歴史について、地質学者が、その時代の地質の特徴でもって区分し分析するものです。その地質年代について、現代は「人新世」とでも呼ぶべき時代に入ったのではといわれているのですね。その含意は、かつての地質年代が、たとえば太陽との距離の関係でとても寒かったとか、隕石の衝突によって環境が激変したとかいうように、自然環境の側に地質を特徴づける原因があったのに対して、現在は地質を特徴づける最大の要因が「人間」になったのではないかということです。

端的にいうと、人間の活動によって引き起こされた気候変動が、地球環境に不可逆的な変化を及ぼしつつあるということ、さらに付け加えると、その不可逆的な変化の先に、恐ろしい破局が待ち受けているのではないか、ということをいいたいことばなんですね。たしかに近年は、これまでとは異なるような規模の大雨によって、きわめて頻繁に水害がおきるようになりました。数年のうちに何度も被災する被災地も残念ながら珍しくありません。また、夏の暑さは危険なものとなり、農作物の被害も深刻です。さらに、気候変動が、今後の新たな感染症の流行に影響を与えるのではないかとも危惧されています。地球上の氷河が解けることで、氷の中に閉じ込められていた未知のウイルスがあらわれるのではないかといわれているんですね。

「ポスト・コロナ」ではなく「インター・コロナ」であること、「人新世」であること、さらに近年、毎年のように災害が、しかも大規模で広域にわたっておき続けていることに鑑みると、「災間」ということばをもうすこし強い意味でとらえたほうがいいように思います。そこで、この本では「災間」を、災害と災害の間ととらえるのではなく、災害の間《なか》にあると考える、つまり、平時と災害時が分かれているのではなくて、多かれ少なかれつねに災害時にあるような時代として、「災間」ということばをつかいたいと思います。そしてそのような「災間」の時代にある社会のことを「災間社会」と呼ぶことにします。

1995年以降のおもな災害

1995年	阪神・淡路大震災	2007年	能登半島地震	2016年	熊本地震
1998年	那須水害		新潟県中越沖地震		台風10号
	高知豪雨	2008年	茨城県沖地震	2017年	九州北部豪雨
1999年	福岡豪雨		岩手・宮城内陸地震	2018年	西日本豪雨
	広島豪雨		岩手県北部地震		大阪北部地震
2000年	有珠山噴火	2009年	中国・九州北部豪雨		猛暑
	三宅島噴火		駿河湾地震		北海道胆振東部地震
	東海豪雨	2011年	新燃岳噴火	2019年	九州北部豪雨
	鳥取西部地震		東日本大震災		台風15号
2001年	芸予地震		長野県北部地震		台風19号
2003年	宮城県北部地震		紀伊半島豪雨	2020年	令和2年7月豪雨
	十勝沖地震	2012年	九州北部豪雨	2021年	熱海市伊豆山土石流災害
2004年	台風23号	2013年	猛暑		令和3年8月豪雨
	新潟県中越地震		台風26号	2022年	台風15号
2005年	福岡県西方沖地震	2014年	豪雪	2023年	奥能登地震
	台風14号		広島土砂災害		猛暑
2006年	平成18年7月豪雨		御嶽山噴火	2024年	能登半島地震
	豪雪	2015年	常総市水害		

一九九五年という分岐点

「災間」はいつからはじまったと考えるのがよいでしょうか。先の「人新世」についても、産業革命以降ではないかとか、いやいや人類が農耕をはじめたころからだとか、いろんな議論があるようです。「災間」はどうか。

　私は日本社会においては、阪神・淡路大震災がおきた一九九五年をそのはじまりとみるのがよいと考えています。なぜなら、一九九五年以降、毎年のように災害がおきているということと、それだけでなく、各種社会指標がこのころから変化を示しているからです。まずは、一九九五年以降のおもな災害を見てみましょう。

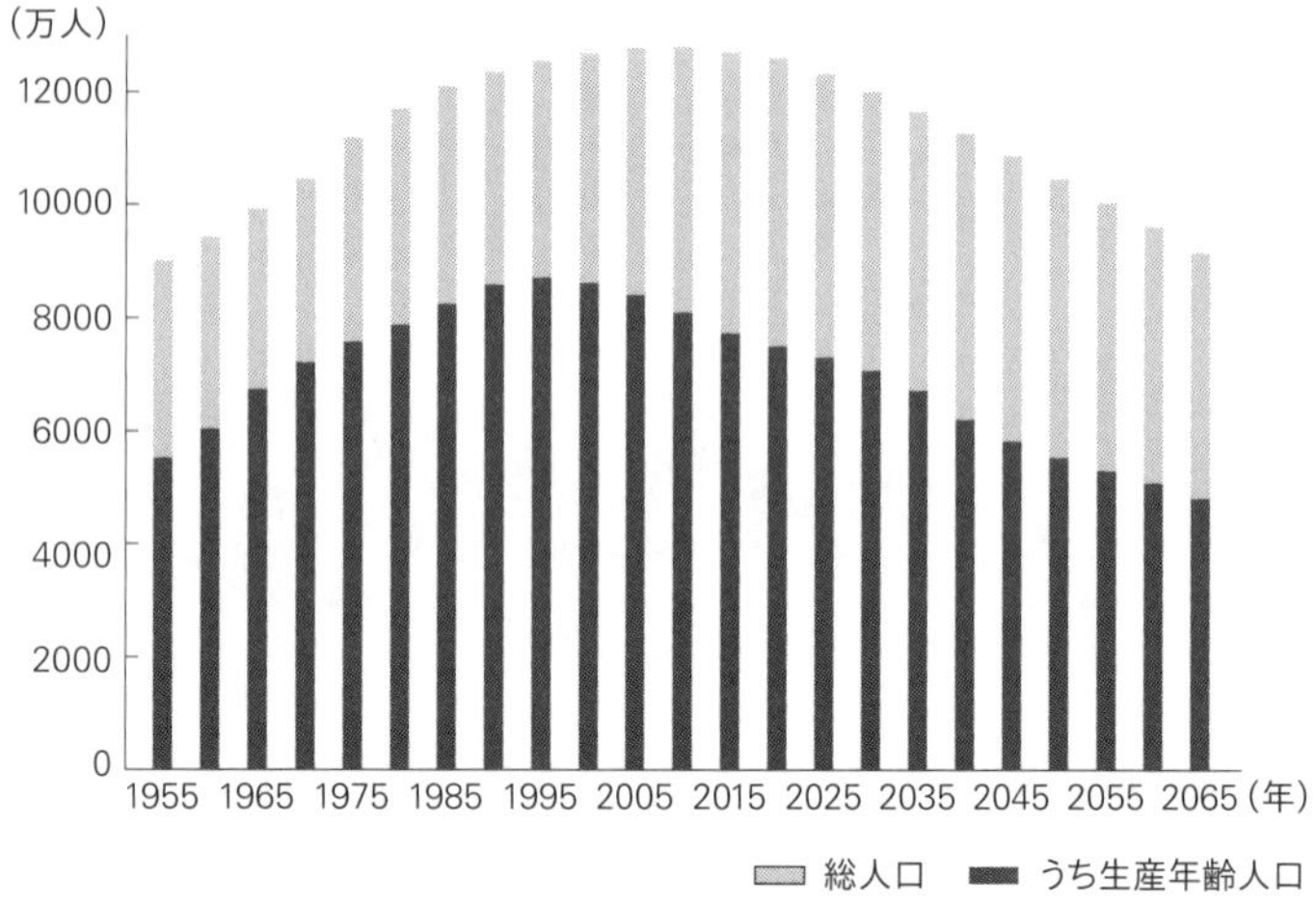

総人口と生産年齢人口の推移

『令和5年版高齢社会白書』の図1-1-2「高齢化の推移と将来推計」をもとに作成

たしかに一九九五年以降、災害が毎年のようにおきている、というか、一年にふたつも三つも、場合によっては四つも災害がおきていることがわかります。また、九州北部など、一部の地域はくりかえし災害におそわれていることがわかります。

つぎに、社会指標を見てみましょう。上の図は、日本の人口の推移をあらわしたものです。日本の総人口は二〇〇八年をピークに減少に転じますが、生産年齢人口（一五―六四歳）、つまり労働のおもな担い手で社会保障を支える側にあるような人びとの数は、一九九五年をピークに減少しています。いわゆる少子高齢化の傾向が本格的にはじまるのが一九九五年なんですね。

次ページの図は各国の名目GDPが世界に占めるシェアの推移をあらわしたもので

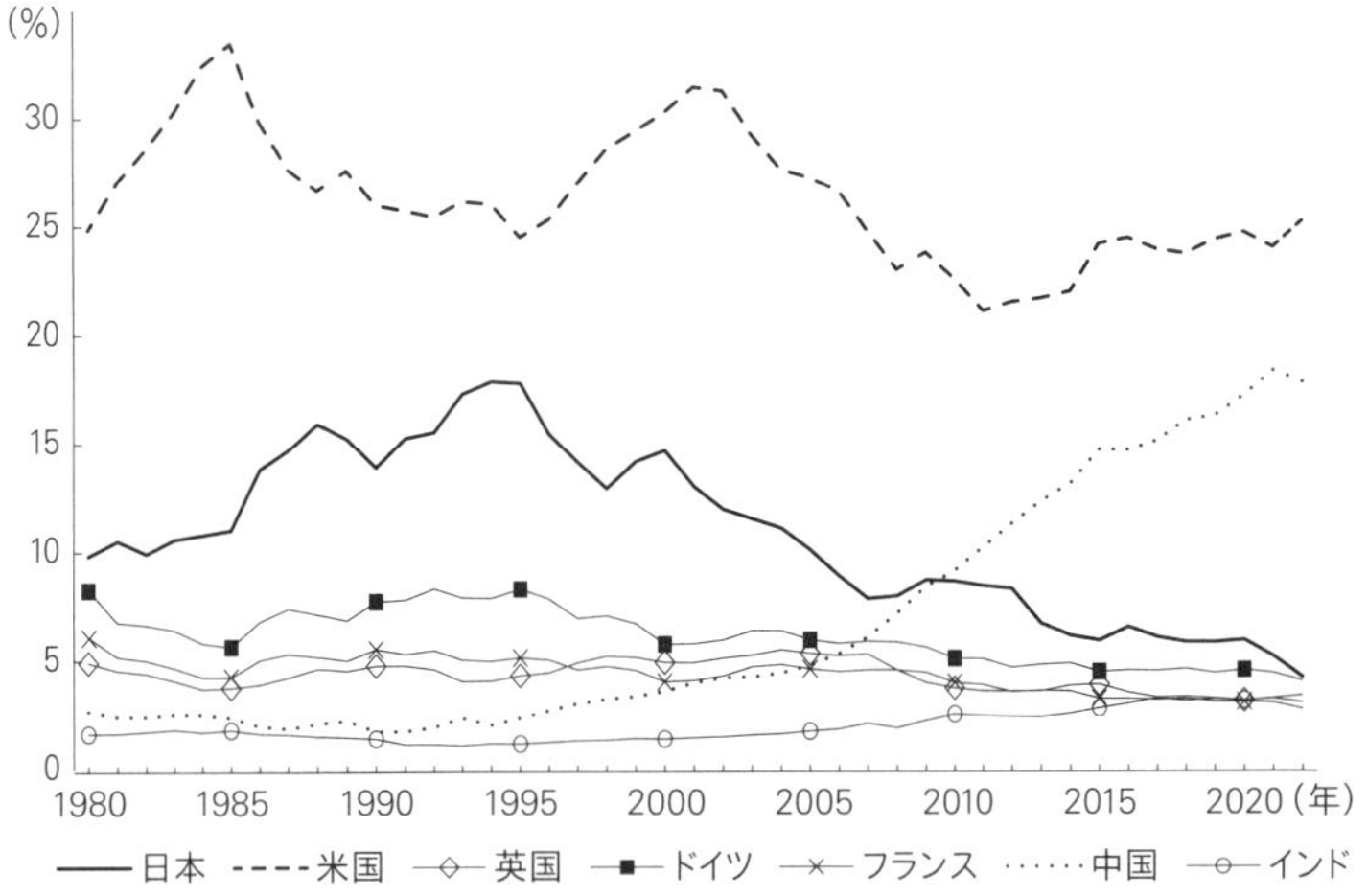

名目 GDP の世界シェア

World Bank「World Development Indicators」をもとに作成

す。日本経済は一九九五年までは右肩上がりに世界経済に占めるシェアを伸ばしたものの、一九九五年を境に低下の一途をたどっています。

これらの事実から非常に重要なことが見えてきます。「災間」といっても、災害が増えていくのは気候変動の影響ですから、地域による偏りはあっても、基本は世界共通です。しかし、日本社会は、この「災間」を、さまざまな指標が右肩下がりになる状況のなかで迎えなければならない。ここがとても重要です。災害が毎年のようにおきる、しかも規模も大きく、広範囲にわたる。けれど、それに対応するためのさまざまな社会資源がどんどん少なくなっていく。日本社会は、非常に厳しい状況で「災間」を迎えなければならないのです。

このような状況が生んでしまう「みんな」＝「空気」があると考えています。それがなにで、どのような影響を及ぼすかがこの章で考えたいことです。

災間と戦間

そのことを考えるための補助線として、「戦間《せんかん》」のことをふりかえっておきましょう。「災間」は、「戦間」になぞらえた表現なんです。「戦間」とはなにか、これは第一次世界大戦と第二次世界大戦の間の、おもにヨーロッパの歴史をさすときのことばで、「戦間期」（一九一九—一九三九）というつかわれ方をします。「戦間期」を生きたヨーロッパの人びとは、まさか自分たちが「戦後」ではなく「戦間」を生きていると思わなかったはずです。「いや、そんなこと、「戦後」か「戦間」かなんて終わってみないとわかんないんだから当然だろ」って、まあそうなんですが、ここで確認しておきたいのは第一次世界大戦が人類の歴史にとってどのような意味をもっていたのかなんです。

というのも、第一次世界大戦のあとに、人類のなかにはじめて「戦争はよくない」という考えが出てくるんですね。それまで、戦争は必要とあらば辞さない外交の手段のひとつと考えられていました。ところが、第一次世界大戦は、それまでの戦争にはなかった非戦闘員も巻き込んだ戦争となり、被害の規模もとても大きなものになりました。ここではじめて、戦争はよくない、戦争はやめないか、という政治的な動きが出てくるんですね。これが国際連盟の発足へとつながっていきます。

「戦間期」を生きているとは思わなかったはずだ、というのはこのような意味です。「戦間期」は、まずは人類の連帯へとむかうユートピア的な気分ではじまります。しかし、「戦後」とはならなかった。おもには、ドイツの戦後処理に失敗し、やがてナチスが台頭し、さらに大規模な戦争、第二次世界大戦へといたってしまうんですね。

ここで、「戦間期」を生きた思想家である、アントニオ・グラムシ（Antonio, Gramsci 一八九一—一九三七）のつぎのことばを紹介しましょう。「危機はまさに、古いものが死につつあり、新しいものが生まれないという事実にある。この空白期には、もっとも多様な種類の病的な兆候があらわれる[3]」。もはや古い価値や制度は滅びつつある、けれど、新しい状況に向きあうためのたしかな価値や制度がまだ存在しない空白期には病的な兆候があらわれるというのです。この病的な兆候が「災間」にもありはしないかと思うのです。

災間の「病的な兆候」

つつがなく続いていた日常が、あるとき断絶されて一変してしまう、それまでの価値観のままではのりこえることができないような「空白期」のひとつとして、「死」があるのではない

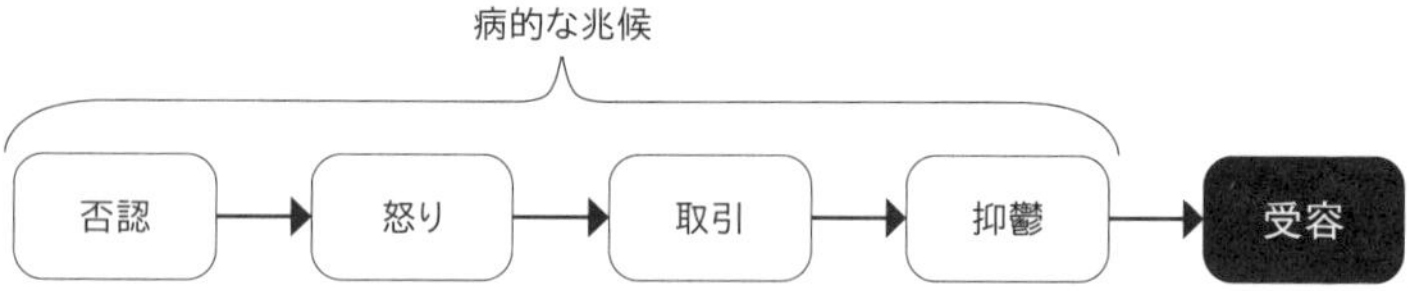

キューブラー=ロスの「死の受容」の5段階

でしょうか。正確には、「死」を突きつけられたときに、それをいかに受容できるかという問題です。人間はみないつかは死にます。けれど、多くの人は、それを特段には意識せずに日々をすごします。しかし、ある日、それが宣告されたとして、私たちはどのように「死」をうけとめるのか。キューブラー＝ロス（Elisabeth, Kübler-Ross 一九二六―二〇〇四）による有名な「死の受容」[4]の五段階をみてみましょう。

たとえば、がんで余命が一年だと宣告されたとしましょう。最初にくるのは「否認」、「そんなの誤診だ、やぶ医者め」と、その事実を認めない段階。つぎに、「怒り」、「ろくでもない仕事ばかり押しつけられるからストレスためこんでがんになったんだ！」。そして、「取引」、「なんとか娘がランドセルを背負うころまでは生きられないものでしょうか」を経て、「抑鬱」、「もうどうしようもない、だめだ」。何をするにも手につかず茫然自失状態になってしまう段階にいたります。

この「抑鬱」にいたると、「死」を避けられないものとして受け入れてはいるのですが、それは、もうだめだという否定的な形式のもとでの話です。キューブラー＝ロスは、この「抑鬱」の先に、「受容」という段階があるんだといいます。「死」を避けられないものとして受け入れているというのは「抑鬱」と同じなのですが、避けられないものだからこそ、それまでの時間を大切にしようとか、自分の死後のことについて準備をしようなどと、「死」について主体的にうけとめることができる段階に人間はたどりつけるんだというんですね。

スラヴォイ・ジジェク（Slavoj Žižek　一九四九―）という思想家が、この五段階というのは社会全体にも適用できるんじゃないかといっています。[5] たとえば、気候変動を例にしてみるとどうでしょう？　みなさんも、どのようにこの五段階で説明できそうか、考えてみてください。

どうでしょうか？　たとえば、こうです。「気候変動なんてうそっぱちだ」（否認）、「こんなことになったのも先進国が好き放題に化石燃料を燃やしたせいで、いまさらわれわれにそれを抑制せよなんていうのは身勝手すぎる」（怒り）、「気候変動にもいいことはある、シベリアに広大な農地ができるぞ」（取引）、「もうだめだ、手遅れでなにも打つ手はない」（抑鬱）、そして「気候変動は人類の単位で解決しなければならない問題、もう連帯するしかない」（受容）ですね。「受容」にいたることができるか、かなり難しそうですが、客観的には気候変動にはそれしか解決策は残されていないのも事実です。

この「受容」にいたる手前の四段階が、グラムシのいう「病的な兆候」ではないでしょうか。では、「災間」についてはどのような病的な兆候が考えられるか。近年の被災地で見られるようになってきた気になる風景から見てみましょう。

復興しない被災地

昨今、災害から時間が経過しているのにあまり変化がないような被災地が散見されるようになりました。これまでであれば、時間とともに、被害を受けた建物が解体されて、更地になって、新しい建物が建つとか、すこしずつ修復が進むなどの変化があったのが、二年たっても三年たっても、被災直後とあまり様子が変わらないのです。地震から数年たつのに、屋根の修理ができていないのか、ブルーシートがかかったままだったり、水害時の泥が入ったままになっていたり。

このような、災害から時間がたってもあまり風景が変化しない、なかなか復興の姿が見えない被災地を「復興しない被災地」と呼びたいと思います。なぜ復興しないのか。理由のひとつとして、職人さんが減ってしまってなかなか手がまわらないことがあります。たしかに、建設業にたずさわっている人の数はどんどん減っています。[6] 被災地で、「屋根の修理を頼んでいるけど、業者さんも忙しいみたいで、いつになるかわからなくて」という声をよく聞きますが、職人さんが少ないというのも事実のようです。ただ、それだけでは説明がつかない「復興しない被災地」もあります。

二〇一七年の九州北部豪雨で被災した福岡県朝倉市の事例です(7)。この災害は、国の激甚災害指定を受けることになりました。この指定を受けると、農林水産省の事業の適用で国が工事費の九割程度を負担、残りの一部を市町村も負担してくれるので、農家は自己負担をおさえて農地の復旧が可能になるそうです。非常に高い補助率ですから、多くの農家が朝倉市に事業の適用を申請しました。ところが、朝倉市は国の申請期限までに必要な書類の作成が間にあわずに、結果、多くの農地が国の補助適用の対象外になってしまったのです(国の事業ですが、窓口は朝倉市になっていたのですね)。

なぜ間にあわなかったのか。農家は人的被害や家屋被害への対応のほうが先で、農地のことは後になるだろうと考えて、朝倉市は申込期限を延長したんです。すると、その延長期間に申し込みが殺到してしまい、現地確認に手がまわらなくなり、国への書類提出が間にあわなかったというのです。

補助対象から漏れてしまったのは農地と農業用施設をあわせて七八〇件(8)。もちろん、これは農家ではなく朝倉市のミスですから、朝倉市は独自の予算で補助を支払うと伝えたのですが、工事の時期は不明のまま時が過ぎたといいます。結果、一〇〇件近くについて、農家は復旧を諦めたというのです。

行政の手続きが間にあわずに事業適用ができなかったなんて、かつてであればとても考えられなかった問題ではないかと思います。なぜこのような問題がおきたのか。朝倉市の事例から推察されるのは、行政機能の縮小です。

地方公務員数は、ピークであった一九九四年に比べて、一五・九パーセント減少しています。[2]

行財政改革の名のもと、特に二〇〇〇年代前半に地方公務員数が大幅に減少したのです。少ない人数でも効率的に業務をまわせるようにする、というのは、言い換えると、平時の業務量にあわせたぎりぎりの運営をしているということです。すると、大きな災害がおきてしまって一気に業務量が増えると、とてもまわせなくなる。昨今の「復興しない被災地」の背景には、このような行財政改革の影響による行政機能の縮小もあると考えられます。

しかし、どうもそれだけでもないようなのです。というのも、朝倉市の事例は、語弊があるかもしれませんが、まだ「良心的」な事例なのです。なぜなら、朝倉市の判断は、被災者のおかれた状況をおもんぱかって配慮したことが裏目に出てしまったから、つまり朝倉市は「復興させよう」とはしていたわけです。ところが、昨今の「復興しない被災地」のなかには、あろうことか、そもそも「復興しよう」「再建しよう」という姿勢やかかわりが見られないものがあるんです。

見なかったことにする

二〇一八年の西日本豪雨のある被災地でのことです。私は直後から現地に入って、泥かきのお手伝いをしながら被災者の方のお話をうかがってまわっていました。まず目についたのは、集会場の前や四つ角に、石灰がただおかれていて、それを被災者の方がまだ乾燥もしていない泥だらけの床下に、無造作にまいていたことでした。

浸水した家屋について、まずもって重要なことは徹底的に乾燥させること、そして消毒することです。湿気を残したままにすると、カビが発生してしまいます。それが壁の間の断熱材などに入ると数年後には家中がカビだらけで大変です。床板をはがして、徹底的に乾燥させて、消毒することが大切です。石灰は消毒用におかれていたようなのですが、乾燥させてから消毒するということが知られていないようでした(10)。

また、床上浸水のおうちは、家中が泥だらけなので、家具を搬出して、畳をあげてと対応がなされていたのですが、床下浸水のおうちのなかには、「うちは床下だし、もう水もひいたし大丈夫かな」と、特になにもせずに日常に戻ろうとされているところもありました。

どうも水害後の基本的な処置の方法が知られていないようなので、これはまずいと思い、行政や災害ボランティアセンター(11)にこのことを伝え、水害後の対応をまとめた冊子を配布してはどうかと提案しました。すると、冊子は「すでにあるよー」とのことでした。たしかに、災害ボランティアセンターの受付の後ろに山積みにされています。それはよかったと安心したのですが、何日たってもいっこうに配られる気配がありません。そうこうしているうちに、近隣の災害ボランティアセンターがそろそろ閉鎖するらしいのでうちもという声もあがってきました。

どうして冊子が配られないのか、運営の支援に入っていた知りあいにそれとなくたずねてみると、「あの冊子を配ると、床下のことまでボラセン（災害ボランティアセンター）がやってくれるのか、役場がみてくれるのかと思われて、そうなるとそこまでやりきれないから、積極的には配布できないらしい」という驚きの返事が返ってきたのです。知らぬが仏、臭いものに蓋ならぬ「床板」です。床下浸水なら見えないんだし、困ってるって言ってないんだからもういいんじゃないかと。

この事例からいえるのは、昨今の「復興しない被災地」のなかには、そもそも復興させようという姿勢がない、というか、被災という問題自体を見ようとしない態度があることです。人員削減だし、ただでさえ仕事もたくさんあるし、下手に支援しようとしても結局手がまわらずにかえって混乱を招く恐れもあるし。ならば、はじめから対象を限定したり、そもそも被災した事実を「見なかったことにする」、そんな現象がおきつつあるのです。

「見なかったことにする」に関連して、「やったことにする」もあります。たとえば、近年は、災害ボランティアセンターの開設の遅れが目立ちます。被災して二週間たってようやく開設されたかと思えば、一か月で閉鎖されることも珍しくありません。(12) さまざまな平常業務があるのに、災害ボランティアセンターの運営を続ける余力はない、けれど災害ボランティアセンターを立ちあげない、ということもできないので、なんとか二週間かけて立ちあげて、あとは積極的にニーズを聞きとるということをせずに縮小させていくのです。

この「やったことにする」も、一見、行為を伴っているので「見なかったことにする」とは異なるように見えるのですが、とはいえ結局のところ問題の全体を見ていないのは同じなので、「見なかったことにする」の一部ととらえることができるでしょう。

集合的否認

日本社会は人口も経済もふくめてさまざまな指標が右肩下がりになっていると述べました。社会全体が縮小していく際には、これまでの仕組みや暮らし方をあらためて考えなおす必要があります。被災しても、被災前とまったく同じ水準で復興するのではなく、現在や未来の適正規模を見すえて、身の丈にあわせた復興が求められるのかもしれません。時にはなにかを犠牲にするわけですから、この判断はとても難しいでしょう。

重要なのは、それでも尊厳ある暮らしを守りつつ、縮小するとすればどのようなあり方があるかについて、犠牲を誰かに偏らせたり、強いることのないように、社会のなかで議論して決めていくことのはずです。身の丈にあわせることは、必ずしも苦しい決断だけでなく、負担を減らす賢い選択もあるはずですから、知恵をしぼればいいのです。

ところが、ここまで見てきた「復興しない被災地」は、元通り復興させる余力はもうない、そのための資源もない、ならばそもそも現実を「見なかったこと」にしてしまって、これら縮小社会で求められる議論と向きあわずにすましてしまうのです。

目の前の現実があまりに受け入れがたいときに、そもそもその現実をなかったことにして受け入れない態度のことを、精神分析では「否認（denial）」といいます。この見なかったことにする「否認」が、復興しない被災地では、「みんな」＝「空気」として生じているのではないでしょうか。

私はこれを「集合的否認（collective denial）」と名づけたいと思います。「集合的否認」とは、社会資源が減少するなかで、災害などの問題が立て続けにおきるときに、その問題自体をそもそも見ないでおこうという態度を生む「空気」です。そもそも「復興させよう」という動きがおきないということは、これまでの復興をめぐる知見、制度全体が動き出さないということですから、これは深刻です。

とはいえ、被災した現状を前にして、支援を必要としている人を前にして、「見なかったこと」にするのは、本来容易ではありません。責められることもあるでしょうし、罪悪感が残ったりすることもあるでしょう。先ほどの「やったことにする」も、いわばこれら罪悪感への言い訳としておこなわれているわけです。とはいえ、「やったことにする」対処が十分でないことは、はた目からもあきらかです。そこで「見なかったこと」を完遂させるために採用されるあるロジックがあります。

先ほどの西日本豪雨の被災地で、床下浸水の家にも対処したほうがいいのではないかと関係機関をまわっていたときのことです。私が「床下浸水も……」とお話をすると、「いやあ、床下浸水もそうなんですけどね、被災地は高齢者が多くて、重い床板をはがすっていっても難しいんですよ」という声がかえってきました。あるいは、「いやあ、わかるんですけどね、この暑いなかで作業なんかしたら、熱中症になってしまいますよ」と。高齢者が多くて大変だ、熱中症になってしまうという声が多数かえってきたのです。

たしかに、高齢者だけでの作業は難しいですし、酷暑のなかでの後片づけは熱中症に気をつけなければならないでしょう。かといって、床下浸水の問題を放っておいていいわけではありません。ならば、高齢者の世帯を丁寧に把握して、手助けが必要なら相談してもらえるようにするとか、涼しい時期に作業ができるように、九時―一七時の作業時間ではなく、朝とか夕方とか、あるいはいっそのこと秋になってからの作業にするなど工夫をすればいいのです。

ところが、現地では、「床下浸水も大変だけれど、たしかに高齢者には……」「たしかにこの暑さでは……」という妙な納得感が充満し、結局のところ床下浸水の問題は「大事だけれど、なかなか難しいなあ」とそのままにされてしまったのです。

悪しき両論併記

「両論併記」、という考え方があります。意見が分かれる重要なことがらについては、賛成の意見も反対の意見も、平等に両方提示しておこうという考え方のことです。たとえば、憲法改正については、改憲の意見も護憲の意見も両方提示することで、議論を深められるようにできます。

この「両論併記」の変種というか、「両論併記」に見せながら実態はまったく別物になっているようなロジックが散見されるようになっていると思います。私はそれを「悪しき両論併記」と呼びたいと思います。「悪しき両論併記」とは、本来同じ次元で比べてはいけないものを対等なものとしてあつかうことで、結局のところ問題全体をあいまいなものにしてしまうロジックのことです。

「悪しき両論併記」の存在に気づいたのは、昨今の歴史認識をめぐる議論からでした。「歴史修正主義者」と呼ばれる人びとの常套《じょうとう》手段は、たとえば、ホロコーストという大きな悲劇について、「ガス室に煙突があった」という証言が正しいかどうかのように、その出来事のなかのごくごく一部を取り出して、その真偽があいまいであることでもって、ホロコーストという出来事全体の否定を主張することです。

ホロコーストがあったかなかったかということと、ガス室に煙突があったかということはまったく別次元のことです。しかし、そのような馬鹿げた論争を、たとえば法廷のような権威ある場でおこなうことで、ホロコースト否定論者の主張にも一聴の価値があるかのように印象づけ、結果的に「ホロコーストにもなかなか怪しい話があるんだなあ」と、出来事全体の事実性を傷つけることが可能になってしまうのです(13)。

このロジックが、床下浸水問題にも援用されているのです。床下浸水の家にも対応すべきだということと、高齢者の支援や熱中症の予防とは、本来は別の次元のはずです。けれど、それを同じ次元の議論の俎上にあげることで、床下浸水の家にも対応すべきだけど、なかなか課題も多くて難しいなあという諦め感を生じさせ、結局のところ床下浸水の家という問題を「見なかったこと」にしてしまう。

やっかいなのは、「悪しき両論併記」は、一見「見たこと」にしているように見えることです。「床下浸水？　そうなんですよ、床下浸水の家も大変なんですよ、けど、熱中症が……」というように。なので、「床下浸水の家も見よ」となげかけても、のれんに腕押しなんですね。この「悪しき両論併記」を経由することで、端的に「見なかったこと」にするよりも、「集合的否認」は容易に実現されるようになります。

「悪しき両論併記」は相対主義的な見方の副産物であるように思います。相対主義的な見方というのは、いわば、唯一正しい真理はないんだ、多様な価値観が存在するのだという考え方です。このような考え方は、まずはなにかしらの価値観を押しつけられ、抑圧されてきた人びとの解放をもたらすという意味ではよいことでしょう。また、なにかしらの問題を多面的にみてみようというのも、まずはよいことのはずです。

けれど、多面的にみるということが手段ではなく目的になってしまうと、相対主義は暴走します。床下浸水の家の対応を多面的にみる、高齢者についてはどうか、熱中症はどうかと考えることは重要です。でも、大切なのは多面的に見たうえで、床下浸水の家に何ができるかです。なのに、多面的にみるということが前景化することで、そもそもの床下浸水の問題が後景に退いてしまうのです。

「悪しき両論併記」や「集合的否認」を加速させてしまう原因は、相対主義だけではなく、現代社会のメディアのあり方、コミュニケーションツールにもあると思います。マスメディアと呼ばれたテレビ、新聞、ラジオは、いまや青息吐息です。代わりに台頭したのがソーシャルメディアです。このことはなにを意味するでしょうか？　なぜマスメディアが退行するのか。価値の多様化が進めば、それぞれにカスタマイズされたメディア空間が求められることは必然でしょう。それがソーシャルメディアです。人びとはＳＮＳのなかで、同質的な集団をつくり、そのなかで自分たちの関心にあうもの、というか端的に自分たちが見たいものだけを見ることが可能になります。すると社会になにがおこるか。ソーシャルメディアの登場の前に、先にテレビの多チャンネル化が進んだアメリカ社会をみればよくわかります(14)。

多チャンネル化が進んで人びとの価値観も多様になったのでしょうか。いや、まったくその逆でした。チャンネルの数が増えようと、人びとがテレビを見られる時間は同じです。一方で、多チャンネル化のなかで差別化をはかるために、コンテンツは先鋭化していきます。結果、アメリカ社会の分断は深刻に進み、ある問題について一緒に議論ができるような基盤自体が崩れてしまいました。もはや、「見ているもの」が人によってまるっきり異なるのです。このことは、ソーシャルメディアの形で「多チャンネル化」が進んだ日本社会においても、同様の傾向がおこりつつあるとみてよいでしょう。マスメディアという情報を手に入れるための共通の基盤が失われ、メディアが社会のなかに分散することで、私たちはますます「見たいものだけ見る」ことが可能になっているのです。

「みんな」どこへいった

このように、「集合的否認」や「悪しき両論併記」を後押ししてしまうような現代社会の価値観の変化や、メディア環境のことを考えると、災間社会がなかなか厳しいたたかいであることが見えてきます。どういうことでしょうか。この本で紹介してきたような、「みんな」=「空気」のありようが変化してきているんじゃないかということです。

そもそも、素朴に「みんな」=「空気」なるものが社会のなかに存在しているといえるでしょうか。かつて、社会のなかでそれなりの規模でもって存在していた「みんな」は、もはやなくなったのではないか。「見たいものだけ見る」ことを可能にしてくれる「みんな」のなかにとどまることが可能になってしまったのではないか。つまり、第3章で示した表でいうと、当事者の属する共同体が細分化されたり、非常に小さくなっている。そして、細分化された共同体の間の交流が絶たれ、分断されている。すると、そもそも被災地でおきている厳しい現実をうったえようとしても、それを聞いてくれる「みんな」がいない。かろうじて「みんな」が存在していたとしても、その中身が「見なかったことにする」になっている。

社会資源が減少するなかで災害が多発すると、災害をそもそも「見なかったこと」にする「集合的否認」がおきます。それを支えるロジックとして「悪しき両論併記」が採用される。それを、相対主義的な考え方が支え、「集合的否認」が広がります。あるいは、メディア環境の変化によって、そもそも被災地を「蚊帳の外」としてすごすことが可能となります。このように考えると、災間社会における問題というのは、「災害が増える」とか、「高齢化が進む」ということだけではありません。それらの相乗作用による「見なかったこと」にする「みんな」＝「空気」が生まれることで、問題が放置されてしまい、結果として社会が加速度的に破綻していくかもしれないということです。これが、右肩上がりから右肩下がりへと転じる分岐点にいる日本社会の「病的兆候」だと考えます。

では、これはどのようにのりこえられるでしょうか。どのようにすれば、「見なかったこと」ではなく、「見たこと」にできるのか、「集合的否認」ではなく「集合的受容」がいかに可能なのか、終章で考えてみたいと思います。

終章 ひとごとからわれわれごとへ
災間を豊かに生きる

損失と喪失

災害の間《なか》を、右肩下がりのなかで生きなければならない災間社会において、どのようにすればば、目の前の苦しい現実を「見なかったこと」にしないで生きていくことができるのでしょうか。

まず、そもそものところから考えてみたいと思います。災害が増えること、被災することは、端的に「不幸」な帰結しか生まないのでしょうか。これは、かなりきわどい問い、というか、暴論ではないかと思う方もおられると思います。災害なんてないにこしたことはない、それは当然のことです。

しかし、災害がくりかえしやってくるということを前提にせざるをえないとすればどうか。もちろん、「事前の備えを充実させることで、すこしでも災害による被害を減らしましょう」という減災、これも大切です。けれど、「事前の備え」は、右肩下がりの時代にはどんどん難しくなるかもしれません。気候変動によって「事前の」想定を否応なしにこえてくる災害も増えるでしょう。であるなら、「被災すること」を前提としながら、それでも人間の尊厳を失わずに生きていくためにはなにができるのか、ということも考えておいてよいと思うのです。

これと同じような構造をもつ問いとして、右肩下がりであることも、端的に「不幸」な帰結しかもたらさないのだろうか、と考えたいと思います。人口が増えないこと、高齢化が進むこと、経済が縮小していくこと、これまでの社会保障の枠組みが崩壊していくこと、従来の社会インフラが十分に維持できなくなっていくこと、これらは「不幸」な結果しかもたらさないのでしょうか。

これも、災害と同様、もちろん避けられればそれにこしたことがないのはたしかです。右肩下がりになることによってもたらされるさまざまな問題は、できるだけ最小限になるように対処されるべきであるのももちろんです。けれど、人口が著しく減ること、高齢化が進むことは、人口動態を見れば「約束された未来」です。どんな対処をしても、諦めざるをえないことがらは出てきてしまうでしょう。ならば、右肩下がりであることを前提としながら、やはり人間の尊厳を失わずに生きていくためにはなにができるのか、ということも考えておいてよいと思うのです。

ここで、災害によって失われるものとはそもそもなんなのかについて根本的に考えておきたいと思います。中越地震の復興ビジョンを書いた平井邦彦さん（当時長岡造形大学教授）は、災害で失われるものには、「損失」と「喪失」のふたつがあるんだと言います。

「損失」とは、「損失額」といえるように、お金を払えば元通りにできる類のものです[1]。道路や建物は物理的には「復旧」することが可能です。一方で、「喪失」に「額」をつけることはできません。代わりにつけることができるのは「感」です。「損失感」はありませんが、「喪失感」はあります。これは、お金を払っても元通りにできないものです。最大のものは命でしょう。あるいは、建物にまつわる思い出、「この柱の傷はあの子がまだ小学生で」というような手あかのついた建物の「来歴」は、失われれば元に戻すことはできません。「喪失」とは、かけがえのないものを失うことです。

ならば、「喪失」に対して、私たちは何もできないのか。「喪失」に対してできることがあるとしたら、それが「復興」ではないでしょうか。

元通りに戻す「復旧」と「復興」とはなにが違うのか、「復興」とはなにか。「復興」とは、かけがえのないものを失ったことから立ち直ることではないかと思います。「喪失」したものは元には戻りません。だからといって、それをないことにするのではなくて、「喪失」は「喪失」としてうけとめながら、なお生きていくとしたらそれはどういうことなんだろうかという問いが「復興」ではないかと思います。

失ったものは戻らないのですから、それは変化しません。けれど、そこから立ち直っていくということは、代わりになにかしらが変化するはずです。でも、それは「喪失」という形のないものと向きあってのことですから、その変化もやはりなにか形のない、感覚や質的なものでしょう。それがなにかは被災してすぐただちにわかるわけではないから、まずは問いとして存在する。「復興とはなにか」が問いになること、常套句のようにつかわれてきた「復興とはよくわからない」という言いまわしも、「復興とは得体のしれないまったくよくわからないことがらだ」というのではなくて、その根底に、元に戻らないものからの回復なのだから、「復興」はまずは問いという形でしか存在できないということだと思います。

過疎の本質

さて、「損失」と「喪失」は、災害においてだけではなく、人口減少においても存在すると思います。小田切徳美さんが提唱される「誇りの空洞化」が参考になります(2)。

小田切さんによれば、日本の農山村には三つの「空洞化」のステージがあったのだといいます。まずは、一九六〇年代、高度経済成長により農村から都市へと労働力が移動した、人口流出としての「人の空洞化」、つぎに、担い手が減ることで耕作放棄地などが増えていく一九八

○年代中頃からの「土地の空洞化」、そして一九九〇年代からの、人口減少や高齢化などで集落が機能しなくなってくる「むらの空洞化」です。

これらの「空洞化」に対し、さまざまな施策が講じられてきました。けれど、いずれも中山間地域の再生にまではいたらなかったのではないかと小田切さんは言います。それは、先の「人」「土地」「むら」という三つの空洞化の連鎖がもたらした「誇りの空洞化」にまで、それらの施策が届いていないからではないかというのです。

「誇りの空洞化」とは、三つの空洞化の連鎖のなかで、「過疎」や「限界集落」ということばが生まれ、つねになにか問題を抱えたものとしての文脈でしか語られない自分たちの地域について、住み続ける誇りや意義を見いだすことができなくなった状態のことをさしています。木沢集落の例でいえば「Xがない」という視点でしか自分たちの地域を見ることができなかったことに対応するでしょう。人口流出や耕作放棄地の増大によって失われた「損失」を「補助金」で埋められたとしても、暮らしのなかに楽しみや生きがいを見いだして、そこに住むことで得られる「誇り」を失った「喪失」については、お金で埋めあわせることができなかったのです。

このように考えると、「損失」と「喪失」の関係も見えてきます。「損失」と「喪失」はどうも同じ次元に並んで存在しているわけではないようです。小田切さんの主張からわかるのは、どれだけ「損失」を補塡しようとしても、「喪失」のところにまで届いていなければ意味がないということではないでしょうか。これは、反対に考えてみると、「喪失」に向きあうことができれば、「損失」については元通りに戻ることがなくともうけとめられる可能性がある、あるいは「喪失」に向きあってはじめて、「損失」の補塡の加減について考えたり、話しあう余地が生まれてくるということではないでしょうか。

ここで、あらためて第1章や第2章で紹介した、木沢集落の住民が語った「孤独でない」「地震で過疎がとまった」ということばの意味を考えたいと思います。「損失」も「喪失」も、どちらも「失う」ことには変わりありません。なにかがどんどん剝ぎとられていく感覚です。過疎においてはゆっくり、しかし着実に。地震においては突然に、そして一気に。

この過程のなかで、木沢集落では「Xがない」という欠如でもって見る視点、語り口がますます強まっていきました。しかし、大学生らとの出会いを通して、「Xがない」から「Xがある」へと視点の転換がおこります。「Xがある」と気づかれたものは、外部からもちこまれたものではありません。過疎や地震によってさまざまなことが「失われてきた」なかでも、たしかになお存在し続けてきたものです。それに気づけたとき、まるで根雪があたたかな春の陽光を浴びて雪解け水になるように、村の雰囲気がすっかり変わってしまったのでした。

だから、このように思うのです。「復興しましたか？」と問われて、「復興した、孤独でないからだ」というのは、そして「地震で過疎がとまった」というのは、失われてもなお存在するものに気づくことで、「喪失」としてのなにかが失われていく感覚がなくなったことを意味するのではないでしょうか。

被災をする、それもくりかえし被災する。そのなかで、十分に元の生活を取り戻すことができなくなる。それでも、そのなかで失われないかけがえのないものに気づくことができれば、端的に絶望しかない災間社会の未来は避けられるのではないか。人口が減ること、高齢化が進むことはもうとめられません。それでも、「喪失」としての過疎がとまれば、「このむらに生まれてよかったなあ」と感じながら生きていくことができるのではないか。さまざまなものが失われてもなお存在するものに気づくことで、「喪失」をのりこえ、そのうえで「損失」について考えていく。これが右肩下がりの時代の復興、あるいは過疎と向きあうことではないかと思うのです。

過疎はとまる

こんなふうに書いていくと、なんだか小難しい話のように聞こえるかもしれませんが、決してそうではないんだということをお伝えしたいのです。第1章をご覧になって、なんだか気の抜けたエスノグラフィだなあと感じた方もおられたかもしれません。切迫感がないし、なにか、コトがうまく進んだところだけが抜き出されて書かれていてアヤシイとか、筆者の感想が素朴すぎて話にならないとか。まったくご指摘のとおりです。もちろん、実際は一読できるほどの長さにはおさまらないほど、時間も長いし複雑だし、失敗や悲しい思いをすることもありました。

けれど、お伝えしたかったのは、全体としての現場はあのトーンだったということです。いや、幸一さんに出会うまでは、「水がないんですよね」と眉間にしわをよせていました。けれど、幸一さんに「ウラシマソウ」の写真を見せられてからは、あのトーンなんです。

なんとも素朴に、間抜けなのですが、けれど目の前に次つぎと面白いものが見えてきて、すっかり楽しく、夢中になってしまう。そんな私を見て、村人もこんなのもあるぞと教えてくれて、楽しくなる。過疎とか地震という「眼鏡」をかけていると見えないのですが、幸一さんのようになにがあるかを知っている人の「眼鏡」を借りれば、とたんに風景が一変する。このやりとりの先に、「孤独じゃない」「地震で過疎がとまった」ということばがあるのです。

虚心坦懐に、素直に見えるもの、感じることを大切にすれば、おのずと失われてもなお存在するものが見えてきて、「喪失」に向きあう道が開けるのではないか。事実、木沢集落でおきたことは、中越地震のほかの集落でもおきましたし、全国各地で、災害はなくともたとえば移住者とのかかわりのなかで「喪失」としての過疎がとまった地域がたくさん出てきました[3]。失われてもなお存在するものを「発見」するハードルは決して高いものでなく、むしろ誰にでもどこでも可能なことだというのを強調したいですし、ぜひそれを現場で実感してみてほしいと思います。

ではあらためて、災間社会において、苦しい現実を「見なかったこと」にしないで、どのように生きていくことができるのかという問いに戻りましょう。社会全体で「見なかったこと」にする「空気」がただようことを、前章では「集合的否認」と名づけました。これになぞらえるのであれば、社会全体で「見たことにする」のは、「集合的受容」といえるでしょう。「集合的受容」はどのように可能でしょうか。

「集合的否認」において「否認」されるのは、それが大切な問題だということはわかっていても、自分たちの力ではどうしようもないと感じられることでした。だから、問題を見よと言われても、やはり「見なかったことにしたい」という感覚が生起し続けます。問題を見よと言われれば言われるほど「否認」が進むという、負のループがあるのです。木沢集落で、当初、支援をしようとすればするほど状況が悪化したというのも、まるきり同じ構造です。そう考えると、「集合的否認」において「見なかったことにする」ものを「見たことにする」のは、構造的に難しそうです。問題を見ようとすること自体が「集合的否認」を引き起こす源なのですから。

もちろん、難しいのだから、もう「見なかったこと」は「見なかったこと」にすればよい、と言いたいわけではありません。床下浸水の家が放置されているのだとしたら、それは可能なかぎり対処されるべきでしょう。そこで「集合的否認」がおきれば、「見なかったこと」になっているのではないかと「みんな」の前で言語化すればよいのです。あるいは、冷静に事態を見ているようでいて、実は「悪しき両論併記」によってごまかされているのであれば、「それとこれとは次元が異なるのではないか」「別問題ではないか」とやはり「みんな」の前でことばにすればよいのです。

まずもって、「集合的否認」を避ける道として、なにがおこっているのかを一歩抽象化して、「集合的否認」や「悪しき両論併記」という概念として整理しておくことは、無意味ではないと思います。「集合的否認」と真正面から向きあって、「見なかったこと」にされている問題を見ようとする方向での、「正攻法」としての「集合的受容」は、第一の方針としてまず存在するし、諦められるべきでもありません。このことはくりかえし確認しておきたいと思います。

集合的受容の「迂回路」

そのうえで、「正攻法」としての「集合的受容」が、やはり「集合的否認」をかえって深めることになって、身動きがとれないときの方策を考えたいと思います。真正面から向きあうことが難しいのですから、それはなにかしらの「迂回路」をさぐることになるでしょう。どういうことか。このように考えてみてはどうでしょうか。まずは「集合的否認」という構造そのものによって見えなくなっていたもの、隠されていたものを見ようとすればよいのだと。

あの第3章の表を思い出してみましょう。「集合的否認」が生じているとき、表の上半分は

「見なかったことにしよう」という空気が充満しているはずです。では「身体の水準」になにが抑圧されているのか。「正攻法」としての「集合的受容」ならば、ここには「床下浸水の家も対処されるべきだ」が抑圧されているのだと考え、それを「言語の水準」へと引き上げられるように試みるでしょう。「迂回路」としての「集合的受容」は、そうではなくて、「水害」や「床下浸水」「高齢化」といったラベリングからは見えてこないものを見ようとするということです。「被災地」ではなく歴史をもつ地域として。「被災者」ではなく、そこで生きてきたまるごとの人間として。

「迂回路」としての「集合的受容」において、「身体の水準」になにが抑圧されているか、これはなかにいる人間にも、外からやってきた人間にもまったくわかりません。でも、ヒントは、「水害」や「高齢化」という「問題」によって見えなくなっているわけですから、これらの「問題」とは次元の異なるもの、これらの「問題」とすっと距離をとってみるような、一見こんなことと災害対応とはなんの関係もないんじゃないかと思われるようなことが大切になるのではないでしょうか。その意味で、まさにこれは「迂回路」です。

東日本大震災のあとに、芸術文化を活用した被災地支援にかかわっていた佐藤李青さんは、二〇一一年六月に宮城県女川町を訪れたときに、まだ津波の爪痕がなまなましい被災地で、住民の方が祭りの準備をしていたことに驚いたといいます(4)。どうしてこの状況で祭りなのか、まずは復旧、復興ではないのか。けれど、女川の方々は、復興してから祭りなのではなく、祭りをやるから復興になるのだと考えていたのだと。佐藤さんは、「社会が考える順序と、被災地の人びとの順序が違った」と言います。

同じく、東日本大震災の被災地である岩手県陸前高田市で、かさ上げが決まり、元の土地が土砂で埋められていくなかで、花畑を世話する方々がいました。[5]その土地もかさ上げされることが決まっています。まもなくなくなることが決まっている場所での花畑。なのですが、かさ上げがすんだ場所では、もはやかつての土地の面影がなく、地元の人も「自分がかつての街のどこに立っているのかわからない」というなんともいえない喪失感をいだいていたときに、この花畑は、まさにオアシスのように、そこに行けば安心できて、心が休まる場所として、存在していたのです。

「迂回路」としての「集合的受容」とは、さまざまなことが災害や過疎化を通して失われても、このような祭りや花畑を通して、なお存在するものを「みんな」で「見る」ということではないかと思います。

おもやい

最後に、災間社会の「集合的受容」をもうすこし具体的につかむことができるように、佐賀県武雄市での事例を紹介したいと思います。佐賀県武雄市は二〇一九年、二〇二一年と同じ地域が大規模な水害で被災してしまった、まさに災間にある地域です。二〇二一年の水害は、ちょうど先の水害で被災した住宅が再建を終えてすぐのタイミングでした。張り替えたばかりの床板が残酷にもふたたび水に浸かってしまったのです。

この武雄市で二〇一九年の水害のあとから活動をはじめた一般社団法人おもやい（以下、「おもやい」）という団体があります。おもやいは、有志の市民が集まってつくられたものです。東日本大震災のときに、武雄でできることを考えようと集まっていた人たちが母体になっています。代表は鈴木隆太さん、そう、第1章で私が中越に通うきっかけとなった、村人が自力で生コンを流して道を直す活動を紹介してくれたあの人です。隆太さんは、連れあいの育子さんの実家が武雄市のお寺で、そこを継がれたんです。そんな隆太さんの足もとで災害がおきてしまったのでした。

二〇一九年の水害のあとのことです。武雄市でも社会福祉協議会（「社協」）が中心となって災害ボランティアセンターが開設されることになったのですが、受け入れに限界があるということで、災害ボランティアの受け入れを上限二〇〇名までとすることになりました。ただ、一〇〇〇世帯以上が浸水しているなかで、一日二〇〇名では十分ではありません。それならばと、隆太さんたちが中心になって民間の災害ボランティアセンターを開設し、社協の災害ボランティアセンターで受け入れきれない人たちの受け皿として活動することになったのです。その名も、おもやいボランティアセンター、これが現在のおもやいの前身です。

おもやいボランティアセンターにはさまざまな人たちが集まってきました。災害前から武雄市で市民活動を展開していた人、建築士で自分の知識や技術を活かせないかと思った人、災害ボランティアや地域づくりのことなんて全然かかわったことがなかったけれど、自分にもなにかできないかと立ち寄ってみた人。とにかく、災害を契機として、これまで同じ武雄に住みながらも、つながりのなかった人たちがつながり、そのなかには、これまでこうした活動に積極的にかかわってきたわけではない人がたくさんふくまれていたことが、おもやいの特徴です。

おもやいと一緒に活動をしていた被災地NGO恊働センターの頼政良太さんがこんな話を紹介してくれました。二度目の被災のあとのことです。新しく張りたての床がふたたび浸水してしまった男性が、床板をはがさなければならないことは、十分によくわかっているのだけれど、その決断がなかなかできないというのです。そこで、毎日その男性のもとに通っていたんだと。すると、昨日は、はがそうとおっしゃっていたけれど、今日はやっぱりまた決断をためらっておられる。一週間ほど毎日通って、ようやく床板をはがすことを決められたと。

一度被災されていますから、なにをすればよいかはわかっている。一度目の被災のあとは、水害後の処置がわかることで、先が見えてきて、前向きになれたそうです。けれど二度目の被災はそうはいかない。なにをすればよいかはわかっている。けれど、それに積極的な意味を見いだすことができないから、決めるために時間がかかっている。だから、二度目の被災のあとは、そうしたお話を丁寧に聞きながら作業を進めているのでとても時間がかかっているのだと。

また、ある女性は、二度目の被災のあと、「自分が情けない」とおっしゃったそうです。この「情けない」ということばは、なにをなげかけているのでしょうか？

床板をはがす決断ができないのはなぜか。それは、水にぬれた床板をはがそうと、はがすまいと、どうせまた被災するのだとしたら同じことではないかと思われてしまったからではないかと思います。二度目の被災は、一度目の被災のあとにしてきたすべてのことを「無意味」だったこととして否定してしまいます。苦労して床下の乾燥を根気よく待ったことも、壁紙の色は何色にしようかと子どもとカタログのページをめくって、すこし心を躍らせたことも、すべて「無意味」だったのではないかと。もういちど被災するとわかっていたら、あんなことしなかったのに、それが先の女性の「情けない」ということばにあらわされているのではないかと思います。

支援ではなく「おせっかい」

このような困難な状況に、おもやいはどのように向きあっているのでしょうか。そこに、災間の「集合的受容」の具体例を見てとることができます。

おもやいの活動は、水害後の処置のような災害にかかわることから、次第に、いわゆる「生活困窮者支援」と呼ばれるような活動にまで広がりを見せていきました。フードリンクといって、さまざまな食べ物や日用品を配布する活動では、とりにこられた方々に聞き取りをして、生活の具合をうかがっています。みなさん、最初は「大丈夫で～す」とおっしゃるそうなのですが、ゆっくりお話を聞いていると、ぽつりぽつりと、家庭内暴力や虐待のような家族の問題、経済的な悩みなどが打ち明けられて、そのなかでできることに対応されています。

そんな様子を知って、最近では、行政から「おもやいさんに相談してみたら」と促されてやってくる人も増えているそうです。行政が促すというのも不思議な話ですし、時にはそれはちょっと問題ではと思われることもあるそうですが、目の前に困った人がいるのだからできることをと、対応されています。

ただ、興味深いのは、こうした活動を、おもやいのみなさんは「支援と呼ぶのには抵抗がある」とおっしゃっていることです。「支援というより、同じ地域に住む者どうしの「おせっかい」なんだ」と。

たしかに、おもやいにやってくる人、おもやいがたずねていく人とのやりとりを聞いていると、「支援」というモードではないのです。たとえば、経済的に苦しい状況になっている母子家庭のおうちの片づけをしていたときの話。カーテンがないので、「じゃあ、カーテン一緒に選ぼ～」と娘さんとカーテンを選んでみたり、枕がないから「一緒に縫おうか～」と声をかけたり。あるいは食べ物をとりにきたお母さんに、「〇〇ちゃん、お誕生日やんね、これでケーキつくってあげて〜」と、ホットケーキミックスとミカン缶を手渡したり。なんだか友達どうしみたいなやりとりなのです。だから、会うなりどっと涙を流しながら、とめどなく悩みごとを打ち明けられるような関係の人も少なくないといいます。

この「ホットケーキミックスとミカン缶」をめぐるやりとりが、災間の「集合的受容」ではないかと思うのです。先に紹介したように、二度の被災は、一度目の被災のあとにおこなってきたことすべてを「無意味」だったこととして否定してしまいます。災害がくりかえしおそってくることを前提にするということは、この否定性と向きあわざるをえないということです。この否定性と真正面から向きあって、ふたたび床板を新しくする、復旧していくことも大切でしょう。けれど、先の男性がためらっていたように、「どうせまた被災するのでは」という無力感は、床板に向きあうことだけからは解決しないような気がします。すると、やはりここで「迂回路」が必要だと思うのです。いちど、「床板」や「水害」ということから距離をとってみる、はなれてみる。それが「ホットケーキミックスとミカン缶」だと思うのです。

フードリンクにやってくる人は、生きていくために必要な食料を求めてやってきます。その側面だけ切り取れば、「生活困窮者」であり、「支援」の対象です。でもその方に、「お誕生日だよね？」と、「ホットケーキミックスとミカン缶はどう？」とたずねた瞬間、その方は「生活困窮者」ではなく、名前をもった「人」になると思います。同じ地域に住むご近所さんです。

このような関係が大切、というか、このような関係でないと不自然と考えるから、おもやいでは「支援」ではなく「おせっかい」と表現されているのではないかと思います。「ホットケーキミックスとミカン缶」は、その方が経済的に苦しいという状況を無視しているわけではもちろんありません。けれど、その方を経済的に苦しいという「眼鏡」だけで見ていないこともたしかです。ここに災間の「集合的受容」のためのささやかな、しかしたしかな「迂回路」があると思います。

「わがこと」ではなく「われわれごと」へ

団体名の「おもやい」は佐賀のことばで、共同・協同、共有、「みんなのもの」、という意味だそうです。机の上のお菓子を指さして、子どもに「これ、おもやいな!」と言うと、「これはみんなのもんやから、おまえひとりで食べたらだめだぞ」という意味になる。おもやいは、水害にあった人のことも、経済的に苦しい人のことも、その人の問題ではなく、みんなの問題だととらえています。まさに、おもやい、です。

このように考えると、「集合的受容」の「集合的」ということばが何をさしているのかも見えてきます。私たちはしばしば実践において、「わがこと」としてとらえたり、考えることが大切だと強調します。しかし、「わがこと」とするだけでは不十分ではないか。

そもそも人間の暮らしは、「おもやい」ということばがさすように、協同的なものだったはずです。さまざまなことが、「われわれごと」として存在していたと。それが、資本主義が発達したり、近代的な社会制度が整えられたりするなかで、「われわれごと」が「わがこと」へと切り刻まれ、そしていつの間にか「ひとごと」になった。それが現代社会ではないでしょうか。

資本主義も社会制度もさまざまな機能不全をおこしています。ならば、「ひとごと」を「わがこと」にするだけでは不十分で、もういちど「われわれごと」を立ちあげることが必要なのではないか。災間の「集合的受容」とは、困難な時代を生きていくなかで、そこでおきる問題も、「迂回路」から見いだせるゆるぎないものも、「われわれごと」としてまなざすような「みんな」＝「空気」をふくらませていくことだと思います。

そのためにできる具体的なことはなにか。一言でいえば、「いままでしなかったことをやってみる」ではないでしょうか。現代社会は、もともと「われわれごと」だったことが、「わがこと」「ひとごと」へとバラバラになっていると述べました。いってみれば、分業、役割分担が進んだ社会です。ところが、災間の時代は、行政が小さくなったり、地縁組織がこれまでのような役割を果たせなくなったりすることで、既存の役割分担のすき間から、さまざまなことがどんどんこぼれ落ちてしまうのです。

ならば、ひとりひとりがどんな小さなことでもいいので、いままでしなかったことをやってみる。そこからもういちど、「われわれごと」を立ちあげていく。この本で紹介したような被災地での活動に参加してみる、地域の活動に参加してみるのもぜひおすすめですが、それはちょっとハードルが高いぞというなら、まずはご近所の人にあいさつをしてみる、でもいいでしょう。

さあ、あなたはどんなことをやってみようと思いますか？

注

序章　裸の王さま再考

（1）Kurt Lewin, "Group Decision and Social Change," in *Readings in Social Psychology*, 3rd ed., eds. Maccoby, E. E., Newcomb, T. M. and Hartley, E. L.（Holt, Rinehart and Winston, 1958）を参照しました。

（2）『完訳アンデルセン童話集1』大畑末吉訳（岩波文庫、一九八四）を参照しました。

（3）山本七平『「空気」の研究』（文藝春秋、一九七七）を参照しました。

（4）この一言は、『「空気」の研究』には登場しませんが、大和の沖縄特攻を決定づけたことばとして、しばしばとりあげられます。防衛庁防衛研修所戦史室が編纂した戦史叢書でも紹介されています。防衛庁防衛研修所戦史室編『大本営海軍部・聯合艦隊7――戦争最終期』（朝雲新聞社、一九七六）。ちなみに、戦史叢書は防衛研究所のウェブサイトから電子版が全文公開されています。

（5）アクションリサーチについては、宮本匠「アクションリサーチ」（北村英哉・内田由紀子編『社会心理学概論』ナカニシヤ出版、二〇一六）で詳しく論じました。

第1章　右肩下がりの被災地で復興にのぞむ

（1）中間支援組織については、さまざまな見方がありますが、ひとまず、地域や行政、企業など社会のさまざまな主体の間に入って、ヒト・モノ・カネ・情報の媒介役になって活動する組織、ととらえておきましょう。「中間支援」といっていますが、市民会議もそうであったように、被災者支援のような「直接支援」もおこなう組織もあります。

（2）川口町は、二〇一〇年三月三一日に長岡市と合併、編入され、現在は長岡市となっていますが、この本では時期にかかわらず、地震当時の「川口町」と一貫して表記することとします。

（3）「平成一六年七月新潟・福島豪雨」のこと。新潟県中越地方や福島県会津地方を中心に、広範囲の浸水被害をもたらしました。七月一三日に発生したことから、七・一三（なないちさん）水害と呼ばれています。

第2章　支援がつまずくとき

（1）念のため申し添えておかなければならないのは、のちに、水は出るようになったんです。復興基金という制度で、農業のための井戸を掘るボーリング作業に補助が出るようになったからです。重要なのは、木沢集落では、水が出るようになる前から雰囲気が好転し、木沢の人びとが村の復興について、前向きに活動するようになっていたことでした。

(2) このあたりの情報は、山古志村『山古志村史　通史』(山古志村、一九八五)を参照しました。

(3) 新潟日報社編『ザ・越山会』(新潟日報事業社出版部、一九八三)より引用。

(4) 保阪正康『田中角栄の昭和』(朝日新書、二〇一〇)より引用。

(5) 同右。

(6) 肥後功一『通じ合うことの心理臨床――保育・教育のための臨床コミュニケーション論』(同成社、二〇〇三)を参照しました。

(7) 地元学については、吉本哲郎『地元学をはじめよう』(岩波ジュニア新書、二〇〇八)で詳しく紹介されています。

(8) ここでの水俣病をめぐる経緯は、草郷孝好『ウェルビーイングな社会をつくる――循環型共生社会をめざす実践』(明石書店、二〇二二)を参照しました。草郷孝好さんは、私が大阪大学の学部生のときに、人間科学部の教員として着任され、水俣のこと、地元学のことなどを教えていただきました。のちに、一緒に木沢にも訪れるようになり、第4章で紹介するような調査のアイデアもいただき、ともに実施しました。

第3章　地域が自ら変わるには？

(1) この説話の解釈は大澤真幸『思想のケミストリー』(紀伊國屋書店、二〇〇五)によります。ただし、大澤真幸氏も、この論考は、もともとは見田宗介氏が吉本隆明の共同幻想論について独自の分析を加えながらおこなった東京大学における一九七八年の講義がもとになっていると書いています。

第4章　集団を変化させるには？

(1) この調査は、二〇一〇年から、二〇一三年、二〇一七年とおこなった木沢集落変容調査の結果の一部です。二〇一〇年というのは、廃校の宿泊施設としての活用がはじまった年でした。震災後の経験をもとに、地域の理想像を共有し、それを実現するための新たな活動がはじまったタイミングで、これらの活動が自分たちの地域や生活にきちんと役に立っているのかを継続的に確認するためにおこなわれました。この調査は、地域生活改善プロセス評価手法と名づけて別途まとめています。宮本匠・草郷孝好「中山間地域の復興過程における住民主体性と地域社会の変容――新潟県中越地震から15年を前に」(『自然災害科学』三八巻四号、二〇二〇)。

(2) 「クロスロード」については、矢守克也・吉川肇子・網代剛『防災ゲームで学ぶリスク・コミュニケーション』（ナカニシヤ出版、二〇〇五）で詳しく紹介されています。

（3）この設問は、「クロスロード：神戸編」に実際に収められている質問（神戸編一〇〇八）です。

（4）「成解」という概念を提唱されたのは岡田憲夫さんです。岡田憲夫「生き生きと生きる地域――主体的に生きるとは」（『RIIM report』六号、二〇〇八）。

（5）「クロスロード：大洗編」については、李旉昕・宮本匠・矢守克也「当事者研究からみる住民主体の震災復興――防災ゲーム「クロスロード：大洗編」の実践を通じて」（『実験社会心理学研究』五八巻二号、二〇一九）で詳しく紹介されています。

（6）「三・一一からの独り言」については、宮本匠・石塚直樹「被災者による復興省察と災害伝承のための予備的考察」（『質的心理学研究』二〇巻特別号、二〇二一）で詳しく紹介されています。

（7）このような自然科学と人間科学の違いについては、杉万俊夫『グループ・ダイナミックス入門――組織と地域を変える実践学』（世界思想社、二〇一三）で詳しく論じられています。

第5章　見なかったことにしないとすれば？

（1）仁平さんが「災間」という概念を提唱されたのは、仁平典宏「〈災間〉の思考――繰り返す3・11の日付のために」（赤坂憲雄・小熊英二編『「辺境」からはじまる――東京／東北論』明石書店、二〇一二）の論考です。この概念を掘りおこされたのが、公益財団法人東京都歴史文化財団アーツカウンシル東京のプログラムオフィサーである佐藤李青さんです。佐藤さんの呼びかけで、二〇二一年七月から一一月にかけて、Tokyo Art Research Lab「災間の社会を生きる術（すべ／アート）を探る――災害復興へのいくつもの「かかわり」から」という全六回のディスカッションが開催され、私もそこで「災間」ということばに出会い、考えはじめました。

（2）人新世とコロナ禍の関係については、大澤真幸『新世紀のコミュニズムへ――資本主義の内からの脱出』（NHK出版新書、二〇二一）を参考にしました。この先に紹介するキューブラー＝ロスの五段階についても、この大澤氏の論考で人新世がもたらすかもしれない破局に対する社会の反応の分析として引用されています。

（3）Antonio Gramsci, *Prison Notebooks*, vol. 2, ed. and trans. Joseph A. Buttigieg (Columbia University Press, 2011) を参照しました。翻訳にあたっては、松田博「グラムシの「有機的危機論」に関する覚書」（『立命館産業社会論集』三八巻一号、二〇〇二）も参照しました。

（4）エリザベス・キューブラー＝ロス『死ぬ瞬間――死とその過程について（改版）』（鈴木晶訳、中公文庫、二〇二〇）より引用。

（5）スラヴォイ・ジジェク『パンデミック――世界をゆる

がした新型コロナウイルス』（中林敦子訳、Pヴァイン、二〇二〇）を参照しました。

（6）総務省の労働力調査によると、二〇二四年の建設業就業者数は、ピーク時の一九九七年と比べて約三〇パーセントも減少しています。

（7）「被災農地、国補助得られず」（『西日本新聞』二〇一八年七月一一日朝刊）を参照しました。

（8）「行政に募る不信感」（『日本農業新聞』二〇一八年一二月二一日）を参照しました。

（9）蜂屋勝弘「地方公務員は足りているか――地方自治体の人手不足の現状把握と課題」（『JRIレビュー』四巻八八号、二〇二一）より引用。

（10）石灰は取り扱いが難しいので、逆性せっけんの使用がすすめられています。水害後の処置について、わかりやすく簡潔にまとめられたものに、震災がつなぐ全国ネットワークが発行している「水害にあったときに」があります。本文で配布したと書いた冊子もそれです。ウェブで無料で入手することができます。

（11）災害ボランティアセンターとは、被災地に開設され、ボランティアと被災者のニーズのマッチングをすることで、災害ボランティアの活動をより効率的にすることを目的とした組織です。災害ボランティアセンターの歴史や特徴、問題については、頼政良太・宮本匠「日本における災害ボランティアセンターのこれまでとこれから――「公」と「民」の対立を乗り越えた先に」（『実験社会心理学研究』六一巻二号、二〇二二）で詳しく論じています。

（12）先に紹介した西日本豪雨の被災地がそうでした。ちなみに、新潟県中越地震では、長岡市をはじめとして、多くの被災自治体で、地震の翌日には災害ボランティアセンターが開設され、約二か月間、活動を続けました。

（13）つまり、歴史修正主義者にとって、歴史の修正にいたらなくても、出来事全体の事実性に疑義を差し込んだ時点で彼らの勝利ははじまっているといえます。集合的否認と悪しき両論併記については、宮本匠「人口減少社会の災害復興の課題――集合的否認と両論併記」（『災害と共生』三巻一号、二〇一九）で映画を題材に詳しく論じました。

（14）ここでとりあげたメディアの問題は、ビデオジャーナリストの神保哲生氏がくりかえし論じてきたことです。たとえば以下を参照。「神保哲生に聞く「放送制度改革」の本質――放送自由化の必要性と、解決すべき日本固有の問題」（リアルサウンドテック　二〇一八年五月九日　https://realsound.jp/tech/2018/05/post-191704.html）。

終章　ひとごとからわれわれごとへ

（1）平井邦彦さんの「損失」と「喪失」という考えについて、それぞれ「額」や「感」をつけてみることで両者の本質をよりあきらかにしたのは長岡技術科学大学の上村靖司さんです。

（2）小田切徳美『農山村再生――「限界集落」問題を超えて』（岩波ブックレット、二〇〇九）を参照しました。

（3）たとえば、第1章で紹介した市民会議の事務局長だった稲垣文彦さんは、現在は移住者の支援にかかわる認定NPO法人ふるさと回帰支援センターの副事務局長をされています。同センターのウェブサイトでは、全国各地に移住した人たちが地域でどのようにすごしているのか、詳しく紹介されています。

（4）佐藤李青『震災後、地図を片手に歩きはじめる――Art Support Tohoku-Tokyo の10年』（アーツカウンシル東京、二〇二一）を参照しました。

（5）この花畑については、アーティストの瀬尾夏美さんが、さまざまな媒体で言及、表現されています。たとえば、瀬尾夏美『あわいゆくころ――陸前高田、震災後を生きる』（晶文社、二〇一九）。瀬尾さんとは別に、縁あって、私も花の手入れに参加させていただいたことがあります。

おわりに

最後までご覧いただいた読者の方には心からの感謝を。そしてどのようにお考えになられたのか、できればぜひおうかがいしたいなあと思います。ちょっとためらいながら、それでもそれが可能だと信じて、「災間と過疎をのびのび生きる」という副題をつけました。この本を読まれて、すこしでも「たしかにそれもなくはないのかなあ」と感じていただき、みなさんそれぞれにとって、右肩下がりの時代をのびのびと生きるための鍵をさがしあてていただけたらうれしいです。

まだ読んでいないのだけれど書店の立ち読みで、なんて、そんな悦ばしい本との出会いなんてもうあまりないのかもしれませんが、それでも書店での立ち読みで、「おわりに」からご覧になっていただいたあなたには、その出会い方を心から寿ぎつつ、まあこれもご縁ですから、ぜひどこかで座ってじっくり手にとっていただけるとうれしいです。

二〇歳の時に新潟県中越地震がおきて、その地震から今年で二〇年となりました。自分のなかで、中越地震が存在した時間と、存在しなかった時間がちょうど半分、半分になるこの時機に、中越地震を起点として考えてきたことをひとまとまりの文章にすることができました。

二〇年もたてば、あの出来事には実はこういう意味があったのではないかと、見え方、感じ方が変化してくることがらも少なくありません。けれど、中越のヤマで最初に出会った新緑の美しさとか（新緑って文学上の表現で、まさかほんとにそんな色がこの世に存在しているとは知らなかった）、カタクリの花の可憐さとか、村のみなさんとわいわい飲んでいるときの解放感のように、二〇年たってもまったく色褪せないで変わらずに自分のなかに存在しているもののほうが多いように思います。

でも、やはり二〇年たてば（そして四〇年たてば）、自分ひとりがおこなったこと、考えたことと思っていたものが、まったくそうではなくて、多くの方々に支えられたり、教えられたり、助けられたりしたことなのだということがすこしずつわかってきました。その方々のお名前をおひとりおひとりご紹介することは控えさせていただきますが、心からお礼を申し上げたいと思います。本当にありがとうございました。

最後に、この本を書くにあたって直接お世話になった三人の方に感謝を。「宮本さん、そろそろ本出しましょうよ」と、背中を押してくださり、最初の草稿の伴走者になってくれた高森順子さんと、それを多くの読者に届く形にしてくださった世界思想社の望月幸治さん、イラストレーターの山内庸資さん、どうもありがとうございました。

宮本匠

カバー・本文イラスト　山内庸資

宮本匠（みやもと たくみ）

1984年大阪府生まれ。町工場の横に積みあがる金屑と機械油と田んぼの土のにおいが入り混じった東大阪の空気を吸って育つ。大学時代、古本屋と中古レコード屋を渉猟する毎日から、ひょんなことで新潟の被災地で山菜を探す日々に。

すがすがしく今を生きるヤマの人々にすっかり魅せられて、世の中の人が「問題」と考えている見方だけではない「問題」とのつきあい方を被災地や過疎地をフィールドに研究する。

博士（人間科学）。大阪大学大学院人間科学研究科准教授。特定非営利活動法人CODE海外災害援助市民センター副代表理事。

ユーモアとペーソスが同居するものが大好物。水道の蛇口から井戸水の出る大阪北部で三児の子育て中。

主な著書に、『現場でつくる減災学』（新曜社、矢守克也と共編著）、『防災・減災の人間科学』（新曜社、矢守克也・渥美公秀編著、近藤誠司と共著）。

教養みらい選書 009
「みんな」って誰？――災間と過疎をのびのび生きる

2024年10月23日　第1刷発行　　定価はカバーに表示しています

著　者　宮《みや》本《もと》　匠《たくみ》

発行者　上　原　寿　明

世界思想社
京都市左京区岩倉南桑原町56　〒606-0031
電話　075(721)6500
振替　01000-6-2908
http://sekaishisosha.jp/

（印刷　中央精版印刷）

ISBN978-4-7907-1794-2

教養みらい選書

001
僕がロボットをつくる理由
未来の生き方を日常からデザインする
石黒浩

衣食住から恋愛・仕事・創造の方法まで、自身の経験や日々の過ごし方を交えて、「新しい世界を拓く楽しさ」と人生を率直に語る。

002
食べることの哲学
檜垣立哉

動物や植物を殺して食べる後ろ暗さと、美味しい料理を食べる喜び。この矛盾を昇華する、食の哲学エッセイ。隠れた本質に迫る逸品。

003
感性は感動しない
絵の見方、批評の作法
椹木野衣

子供の絵はなぜいいのか？　美術批評の第一人者が、絵の見方と批評の作法を伝授し、批評の根となる人生を描く。書き下ろしエッセイ集。

004
音楽と出会う
未来の生き方を日常からデザインする
岡田暁生

食べる・着る・話す・想像する・働く・信じる、6つの身近なテーマから、ロボットと生きる未来まで、自身の経験を交えて率直に語る。

005
賀茂川コミュニケーション塾
谷口忠大

コミュニケーションって何だろう？　京都・賀茂川沿いの喫茶店エトランゼを舞台とした、教授と女子高生とが語り合う、ひと夏の物語。

006
二枚腰のすすめ
鷲田清一の人生案内
鷲田清一

読売新聞の人気連載「人生案内」から71の名問答を厳選。回答を裏打ちする人生作法「二枚腰のすすめ」を書き下ろし。付録に自筆年譜。

007
人、イヌと暮らす
進化、愛情、社会
長谷川眞理子

イヌと暮らせば、愛がある、学びがある。愛犬キクマル、コギク、マギーと暮らして進化生物学者が学んだこと。科学×愛犬エッセイ。

008
居場所のなさを旅しよう
磯前順一

「友達がいない」「居場所がなくて恥ずかしい」と悩むあなたへ。どこにも所属できない居心地の悪さについて、とことん考えてみよう。

009
「みんな」って誰？
災間と過疎をのびのび生きる
宮本匠

「みんな」（＝空気）の力で、右肩下がりの時代を豊かに生きる実践的ガイド。人口減少と高齢化のなか災害に見舞われた地域も活力が戻る！

『「みんな」って誰?』の読者にお薦めの本

旅するモヤモヤ相談室

木谷百花 編

「地元が過疎でピンチ!」の悩みに、ピンチをチャンスに変える処方箋を新潟の村から宮本匠が提供。12の現場の専門家に大学生が聞く、目からウロコの生きる知恵。

1,800円(税別)

やっかいな問題はみんなで解く

堂目卓生・山崎吾郎 編

災害復興、再生医療、にぎわい創出、創造教育……境界を越えて困難に立ち向かう作法と実践。共助で新しい価値を創る! 実践的入門書。

2,000円(税別)

むらづくり入門

齋藤雪彦

災害、人口減少……疲弊していく地域をなんとかしたい! 謙虚に、欲張らず、ゆるく、楽しく、でもマジメな筆者の「流儀」をお伝えします。

1,800円(税別)

子どもたちがつくる町

村上靖彦

日雇い労働者の町と呼ばれる大阪・西成。生活保護受給率は23%。個性的な支援者5人へのインタビューが描く、子ども支援の地図!

2,500円(税別)

定価は、2024年10月現在